新股民入门教学一本通

新股民
入门必读

王孝明　张容城◎著

白金版

SPM 南方出版传媒·广东人民出版社
·广州·

图书在版编目（CIP）数据

新股民入门必读：白金版 / 王孝明，张容城著. — 广州：
广东人民出版社，2018.10
ISBN 978-7-218-12923-5

Ⅰ．①新… Ⅱ．①王… ②张… Ⅲ．①股票投资—基本知识 Ⅳ．① F830.91

中国版本图书馆 CIP 数据核字（2018）第 123970 号

Xingumin Rumen Bidu: Baijinban

新股民入门必读：白金版

王孝明 张容城 著

出 版 人：肖风华

责任编辑：马妮璐 刘 宇
责任技编：周 杰 易志华
装帧设计：刘红刚

出版发行：广东人民出版社
地 址：广州市大沙头四马路 10 号（邮政编码：510102）
电 话：（020）83798714（总编室）
传 真：（020）83780199
网 址：http://www.gdpph.com
印 刷：北京彩虹伟业印刷有限公司
开 本：787mm×1092mm 1/16
印 张：16.5 **字 数**：227 千
版 次：2018 年 10 月第 1 版 2019 年 4 月第 2 次印刷
定 价：45.00 元

如发现印装质量问题，影响阅读，请与出版社（020 – 83795749）联系调换。
售书热线：（020）83795240

前 言
PREFACE

在股市中，每天都能看到有人获得巨大的利润后春风得意，信心满满；也总能看到有人投资亏损后垂头丧气，黯然神伤。股票市场扑朔迷离，完全可以看作是整个社会甚至人生的缩影。万千的股票、起伏不定的股价、形形色色的股民，还有层出不穷的传奇故事，一起拼凑成我们眼前的大盘。股市是一个富有魔力的地方，每一分每一秒的变化都牵动着万千股民的心，或让人欣喜若狂，或让人心情沮丧，无论你怎样看待它，它就在那里，永远平静地看着每一个投资者。

股票市场是冒险者的乐园，也是勇士的天堂，新股民朋友们选择在股市中投资就证明了你有一颗勇敢的心。在股市中，真正的勇士就要敢于接受下跌的股价，敢于挑战熊市中的大盘。其实不光是股市，任何领域中的佼佼者都只是一小部分人，大多数人只能沦为陪衬。新股民朋友们想要在股市中占据一席之地，光靠勇敢显然是不够的，还要有充分的股市知识储备、能够看透一切陷阱的敏锐目光，甚至还要有战胜自己的决心与能力。这本书就将为新入股市的朋友们介绍炒股的整体概念，并成为新股民朋友们踏入股市征途的敲门砖和引路者。

天下大势，分久必合，合久必分。股市也是如此，没有一直上涨的股票，也不会出现永远下跌的股票，每一只股票都存在很多的获利机会，等待着投资者们进行挖掘。新股民朋友们在入市投资时，不要因为自己没有经验就跟风投资人，如果能够找到适合自己的股票，也许你就是第一个发现获利机会的人。赚钱的永远是少部分人，所有人蜂拥而至的股票不一定能够真正获利，如果盲目跟风，人云亦云，最后就难免泯然众人，悄然退场。

铁打的大盘，流水的股民，获利与亏损、成功和失败永远是股票市场的主旋律。兴致勃勃的新股民朋友们进入股市，自然是希望能够大展拳脚、成功获利套现的，但成功的大门从来只向有准备的人敞开，新股民朋友们不仅要有满腔的热血，还要有冷静的头脑，做好充足的准备工作。本书将详细地向新股民朋友们阐述炒股的技巧和获利的诀窍，希望每个新股民朋友都能乘兴而来，满载而归。

本书共分为11章，在对大势的分析、对专业知识的具体研究、对买卖时机如何把握和股民应有什么样的心态素质的探讨中，向新股民朋友们展示波澜壮阔的股票市场。新股民朋友们如果把自己当成股坛的弱者，认为自己是新手，就很难投资获利。其实，初生牛犊的自信、满腔的壮志雄心，再加上入市前充分的知识储备，很可能助您在股市中一鸣惊人，让您很快地闯出一片属于自己的天地、总结出一套自己的投资获利方法。这本书的目的就是抛砖引玉，为每一个信心满满的新股民朋友插上梦想的翅膀，助力您在广阔的股票市场中大展宏图，早日实现自己的目标。

目 录
CONTENTS

第 1 章 股票基本知识入门

1.1　了解股票的分类 // 002

1.2　了解股票发行者——股份有限公司的管理 // 004

1.3　分红配股 // 007

1.4　怎样购买新股 // 009

1.5　了解股票买卖的有关规定 // 011

1.6　了解中国股市的博弈构成 // 013

1.7　什么是指数 // 015

1.8　了解中国股市中的主力 // 017

1.9　了解股市中的常用术语 // 019

第 2 章 股票交易的基本流程

2.1　买卖 A 股股票的步骤 // 024

2.2　怎样开设证券账户 // 025

2.3　怎样开设资金账户 // 027

2.4　什么是成交竞价 // 029

2.5　清算交割和过户 // 030

第3章 经典炒股理论

3.1 道氏理论 // 034

3.2 江恩理论 // 036

3.3 波浪理论 // 038

3.4 亚当理论 // 040

3.5 相反理论 // 042

3.6 箱体理论 // 044

3.7 迪威周期理论 // 046

3.8 量价理论 // 047

3.9 证券组合理论 // 049

第4章 炒股就是炒大势

4.1 看清宏观经济,掌握投资先机 // 052

4.2 放眼世界,了解国际经济形势 // 055

4.3 了解政治格局,从容规避风险 // 058

4.4 行业政策影响股市走向 // 061

4.5 未雨绸缪,严防突发事件 // 064

4.6 盯紧国家税率,投资不再迷茫 // 069

4.7 利率是股市的风向标 // 072

4.8 了解通胀通缩,方能精准投资 // 076

第5章 掌握技术指标

5.1 K线详图解析 // 080

5.2 量价关系 // 083

5.3　移动平均线 // 086

5.4　MACD 指标 // 090

5.5　KDJ 指标 // 094

5.6　RSI 指标 // 098

5.7　CCI 指标 // 101

5.8　CR 指标 // 105

5.9　BOLL 指标 // 107

第 6 章　精准选股

6.1　选对股票，就成功了一半 // 112

6.2　通过黑马股快速套利 // 116

6.3　如何寻找牛市中的黑马股 // 119

6.4　寻找黑马股的三个窍门 // 122

6.5　如何在熊市中寻找抗跌股 // 126

6.6　如何寻找白马股 // 129

6.7　不要轻信股评专家的荐股 // 134

第 7 章　看盘

7.1　学会看盘，顺势而为 // 138

7.2　如何看开盘 // 141

7.3　如何看盘中 // 152

7.4　如何看尾盘 // 154

7.5　牛市何时见顶 // 157

7.6　熊市何时见底 // 159

第8章　学会跟庄

8.1　庄家入场时的异动 // 162

8.2　分析庄家的活动区域 // 166

8.3　如何辨别庄家洗盘和出货 // 169

8.4　看懂庄家的"穿头破脚" // 172

8.5　上压单和下托单 // 176

8.6　利用基金跟庄赚钱 // 179

8.7　谨慎对待券商庄股 // 182

第9章　寻找黄金买卖点

9.1　掌握买卖时机 // 186

9.2　股票下跌时何时买入 // 189

9.3　股票下跌时何时卖出 // 192

9.4　股票横盘时如何买卖 // 196

9.5　分时走势图中的买入时机 // 199

9.6　股票涨停的买入时机 // 202

9.7　股票上涨时何时买入 // 205

9.8　股票上涨时何时卖出 // 208

第10章　防套与解套

10.1　不被套才是王道 // 214

10.2　谨防多头圈套 // 216

10.3　换股解套法 // 219

10.4　止损解套法 // 222

10.5 补仓解套法 // 225

10.6 捂股解套法 // 227

第11章 从零开始学炒股软件

11.1 市场上常见的炒股软件 // 232

11.2 如何用炒股软件看大盘 // 236

11.3 如何用炒股软件看板块 // 240

11.4 如何用炒股软件看个股 // 243

11.5 如何用炒股软件看信息 // 247

11.6 对散户最有用的分析工具 // 249

第1章 股票基本知识入门

01

　　股票就是上市公司进行等额划分的资产，新股民朋友们如果购买了公司股票，持有股票的这段时间就相当于是这家上市公司的股东，有权获得股息和经营分红，甚至参与公司决策。当然，购买股票不可能只有好处，利益往往与风险成正比，购买上市公司发行的股票既是有福同享，也是风险同担。

1.1 了解股票的分类

新股民朋友们想要炒股获利，首先就要对股票有一个基础的认知。要知道，我们虽然炒的是股票，但股票本身并不具有价值。之所以我们可以通过买卖来从中获利，是因为每一只股票都代表着股份有限公司的一部分资产，股票只是所有权的凭证，而不是一件商品。下面介绍一下股票的分类，以便新股民朋友们快速地了解不同股票的基本知识和特点。

1. 根据财产分配等方面划分

首先说的是在股市中最常见也最多的普通股。新股民朋友们可以将普通股理解为在股市中对投资者最公平、最平等的股票类型。目前在上海证券交易所和深圳证券交易所发行的股票都是普通股，每一个持股的股东都有权参加其上市公司的股东大会，并拥有投票选举权、收益分配权、资产分配权和优先认股权。

另外一种股票被称为优先股，相对于普通股来说，持有优先股的股东权利将会受到一部分损失。但持有优先股的股东可以在分红的获取和上市公司的资产分配上占据上风，享有优先权。两种股票各有所长，新股民朋友们可以在了解其特点后选择适合自己预期目标的股票。

2. 根据上市地区的不同划分

A股指的是中国境内上市公司发行的人民币普通股，中国境内的组织、机构和个人都有权利进行购买或者交易。A股是绝大多数中国股民进行投资买卖的首要选择。

B股代表的是在中国境内上市的外资股，并且是以人民币为面值，使用外币进行购买和交易的人民币特种股票。

H股,取香港英文HongKong的首字母为名,指的是在内地注册、在香港上市的股票。与A股、B股不同的是,H股没有涨停跌停一说,股价可以无限制地上涨和下跌。

3. 根据股票运行情况进行划分

ST股是指境内上市公司连续两年形势不佳连续亏损的股票,这样的股票会被进行特别的处理。股市中有"脱帽"这一说法,指的就是原本带有ST的个股"振作了精神",脱掉了"ST"的标签。

★ST则是境内上市公司连续三年以上亏损的股票。在股市中有"摘星"的说法,意思就是该股一扫颓势,摘掉了"★"的标签。

4. 根据投资主体的不同进行划分

有权代表国家投资部门或者是机构以国有资产向公司投资形成的股份,被称作国有股。

与国有股不同,企业法人或具有法人资格的事业单位和社会团体以其依法可经营的资产向公司投资所形成的股份,被称作法人股。

社会公众股则是指我国境内的个人和机构以其合法财产向公司投资所形成的股份。

1.2　了解股票发行者——股份有限公司的管理

新股民朋友们想要在股市中赚得一桶金，首先要对股市以及上市公司有所了解，才能知己知彼百战不殆。这里让我们先来了解一下我们投资的对象——股份有限公司的内部管理情况。

1. 股东大会

股东大会会议由董事会召集，董事长主持；董事条不能履行职务或者不履行职务的，由副董事长主持；副董事长不能履行职务或者不履行职务的，由半数以上董事共同推举一名董事主持。董事会不能履行或者不履行召集股东大会会议职责的，监事会应当及时召集和主持；监事会不召集和主持的，连续九十日以上单独或者合计持有公司百分之十以上股份的股东可以自行召集和主持。

2. 董事会

不同于股东大会，董事会通常有5~19人参加，其成员由公司职工代表、董事会中的职工代表组成，这些代表由职工大会等民主选举产生。董事会要选出董事长1人，可以设置副董事长一职，由选举产生，董事会对全体股东的利益负责。董事会每年最少应召开两次会议，对公司进行总结和展望。

3. 监事会

监事会是对公司的业务活动进行监督和检查的必备机构，它由股东大会选举的监事以及职工选举出的监事组成，其成员不少于3人。监事会设主席1人，同董事会一样，可以设副主席一职。监事会由监事主席召开并主持，如果监事会主席不能组织召开会议，则由副主席主持会议，如果副主席不能主持会议，则由半数以上监事共同推举一名监事召集和主持监事会会议。

4. 公司合并、分立

公司合并的概念非常容易理解，但方法却是多样的。公司的合并可以采用吸收合并和新设合并的方式。吸收合并是指一家公司吸收另外一家公司，被吸收的公司则要解散。新设合并是两家或两家以上的公司合并，共同设立一家新的公司，原先的公司全都解散。在法律责任上，合并前各公司承担的所有债权或者债务，由合并后的新公司承担。

公司的分立则是将公司的财产分为两家或两家以上的新公司。这时如果公司是将一部分财产分立成另外一家新公司，则原公司续存。一旦公司将其全部财产分为两家以上的新公司，则相当于宣布公司解散。原公司的债务问题将由分立后的新公司承担。

5. 公司增资、减资

当上市公司为增加注册资本而发行新股时，股东认购新股需要依照《中华人民共和国公司法》（以下简称《公司法》）的有关规定执行。当上市公司想要减少注册资本时，必须编制资产负债表及财产清单。需要注意的是，上市公司减资后的注册资本不得低于法定的最低限额。

6. 公司的解散与清算

公司解散和清算的最终结果是公司经营资格消失，也就是公司终止。公司解散的原因有很多，比如：公司章程规定的营业期限届满或者出现公司章程规定的其他解散原因；股东会或者股东大会决议解散；公司因合并或者分立解散；公司依法被吊销营业执照、责令关闭或者被撤销；等等。

公司解散应该在解散决定出现后的15日内成立清算组进行清算。股份有限公司的清算组必须由董事会或者股东大会决定的人员组成。在15日内不成立清算组进行清算的，债权人可以申请人民法院指定有关人员组成清算组进行清算。人民法院应当受理该申请，并及时组织清算组进行清算。

7. 股权分置改革

新股民朋友们要知道，A股市场上的上市公司的股份分为流通股与非流通股两种，股权分置改革是将公司内原本不能流通的股份变成可以流通的股份，从而达到同股同权的目的。这种经过股权分置改革的上市公司被称为G股。

8. 上市股份有限公司的信息披露制度

信息披露制度是对所有投资者非常有利的制度，是上市公司为了保障投资者的利益和接受社会公众的监督，依照法律规定必须公开和公布其有关的信息和资料，使投资者能在充分了解情况的基础上做好决策的一系列制度。

新股民朋友们可以通过这一制度来了解上市公司的经营状况、财务状况及未来发展方向，这些都能很好地帮助我们分析和判断该公司股价未来的走势，从而决定投资方向。

1.3 分红配股

上市公司的分红有两种方法，即向股东派发现金股利和股票股利，两种方法可以单独进行，也可以同时存在。本节就来了解一下分红配股有关的知识。

1. 公司盈利分配的顺序

我国《公司法》规定，公司获得盈利后首先需要缴纳所得税。在缴纳完所得税后，提取利润的10%列入公司法定公积金，公司法定公积金累计额为公司注册资本的50%以上。公司的法定公积金不足以弥补以前年度亏损时，需要在提取法定公积金之前先用当年利润弥补亏损。然后经股东会或者股东大会决议，从税后利润中提取公积金。最后，股份有限公司才可以按照股东持有的股份比例进行利润分配。

2. 上市公司进行年度利润分配须经过哪些程序

上市公司除了需要在每年公布年度报告之外，董事会同时还要根据公司的盈利情况提出年度分红预案。这个预案需要提交股东大会进行审议通过。

上市公司召开股东大会之后，需要公布股东大会的决议，定下分红派息方案，所有方案需交给有关部门进行审批。确定具体分红派息时间，如分红办法、除权除息日、股权登记日等，并予以公告。最后一步，就是进行分红和除息、除权。

3. 上市公司利润分配的形式

上市公司对利润进行分配的形式有三种：一种是现金红利，这是最常用的方式；一种是送股、转增股，就是对股东进行送红股或者以提取资本公积金增加股本的方式来对股东进行回馈；最后一种是配股与转配股，就是进一步向投资者筹措资金。

4.股利宣布日、股权登记日和股利发放日

股利宣布日，是指公司在宣布分派股利的同时，要宣布股权登记日和付息日。

股权登记日，指上市公司在召开股东大会或进行送股、派息或配股时，还需要定出一个时间，用来界定哪些主体可以参加分红、参与配股或具有投票权利。凡在股权登记日之前购买并办理完过户手续的股东都可以拥有享受此次分红或配股的权利。

股利发放日，指董事会按照股利分配方案，按规定的付息日、地点以及方式派发股利的时间。

5.除息除权

当上市公司将盈利以现金分配给股东时，股价需要进行除息。而当上市公司将盈利以股利分配给股东时，股价则需要进行除权。

6.零碎股如何处理

零碎股就是指不足1股的股票。在进行分红、配股时出现零碎股时，深市采取舍去的方法计算，而沪市则采取四舍五入的方法进行处理。

1.4　怎样购买新股

新股民朋友们想必知道，股市中的新股也就是刚刚发售的股票，其股价随后基本上都会有很大程度的上涨，所以购买新股几乎变成了风险最低的炒股获利方法，也十分适合初入股市的股民朋友们作为练手之用。但是由于购买新股的操作流程与购买其他股票不同，没有经验的新股民朋友们常常被拒之门外，错失获利机会。下面来了解一下怎样购买新股。

（1）当新股民朋友们准备好了资金在网上购买新股时，需要按照委托买入的方法进行操作，按照发行价格进行申购，等待证券交易所进行审批处理。

（2）T+1日（申购后的第一天），证券交易所会把申购新股的资金冻结在申购账户中，进行确认、配号。

（3）T+2日（申购后的第二天），证券交易所会将前一日已经配好的号集中进行新股摇号，并确认中奖号码。

（4）T+3日（申购后的第三天），公开公布中奖号码，将已经冻结的申购资金解除冻结，摇中号者得到新股。

（5）T+4日（申购后的第四天），证券交易所会将购买新股的资金划入主承销商的指定账户中，并将未摇中号者的资金退回到其账户中。

（6）T+5日（申购后的第五天），由主承销商将购买新股的资金划入发行公司指定的账户中，至此新股发售的活动结束。

看到这里，相信很多新股民朋友们都会觉得买新股像是买彩票，全凭运气，其实也不尽然。购买新股存在着很多技巧，了解这些技巧可以提高购买的命中率。

（1）不打无准备之仗。新股民朋友们在购买新股时，不能抱着碰运气的心态，应该提前了解新股的一些基本情况，如发行日期、发行价、申购代码、申购上限、市盈率等信息，才能提前做出完善的申购计划。

（2）买少不买多。当有两只或两只以上的新股即将发售时，新股民朋友们可以通过分析各股票从属的行业属性或者背后上市公司的运营情况，来判断各个新股的受追捧程度。对冷门的新股进行申购，自然能提高命中率。

还有一点，就是当命中率已经无法继续提升时，要关注新股的收益率。据统计，申购发行价格高的新股往往能给投资者带来较高的利润，这无疑提高了购买新股的性价比。

1.5　了解股票买卖的有关规定

减少失败的次数，自然就更接近成功。新股民朋友们在股市中闯荡，首先要了解股票买卖的相关规定，只有熟知这些内容，才能降低碰壁的概率，让自己离炒股获利套现的目标更近一步。首先我们来了解一下证券交易的收费标准。

深市会收取3‰的印花税，券商定的佣金为1‰~3‰。相比于深市，沪市除了有3‰的印花税和1‰~3‰的佣金外，还要加收一项过户费，即1元/1000股。这些费用的总和就是交易费用。

1. 印花税

我国税法规定，在股票成交后交易双方都需要按照规定的税率进行税金的征收。印花税一般由证券机构先代为征收，最后经过统计计算一起上交给征税部门。

2. 佣金

佣金是支付给证券交易所的费用，在交易成功后，根据交易金额进行一定比例的支付。

了解完股票交易的收费标准，接下来需要熟悉一下证券交易所的证券代码，以最常用的深沪市为例：

（1）上海证券交易所的证券代码为6位数的阿拉伯数字，以"600"打头，后面的三位数字以公司上市的时间顺序进行排列。如贵州茅台股票代码为600519。

（2）深圳证券交易所的证券代码也是6位数的阿拉伯数字，以"000"打头，后面的三位数字按照公司上市时间进行排序。如平安银行股票代码为000001。

在日常的股市买卖中会有暂停交易的情况发生，也就是所谓的停牌。这是证券交易所为了保证证券交易的公平而做出的规定，对违规单位进行暂停交易处理，以此作为处罚。

1.6　了解中国股市的博弈构成

　　浩瀚的股市中不只有投资者和上市公司之间的交易买卖，还有很多的机构、部门在其中扮演着关键角色。新股民朋友们要对股市的各方成员有所了解，日后对股票走势进行判断、分析时才能更加准确。下面就讲解一下股市中的各个成员承担的职能。

1. 市场主体

　　市场主体指的就是股票的发行人和我们广大的股民朋友们。《中华人民共和国公司法》等国家有关法律规定，只有具备相关条件的股份有限公司才能公开发售股票。股票的投资者不仅有散户，还有各企业、基金和各种金融机构等。

2. 证券公司

　　依照《中华人民共和国公司法》和《中华人民共和国证券法》规定设立的经营证券业务的有限责任公司或股份有限公司简称为证券公司。按照规定，所有的证券公司必须在注册名称中带有"证券有限责任公司"或"证券股份有限公司"的字样。

3. 证券交易所

　　为投资者们的证券集中交易提供场所和设施的场所被称为证券交易所，使投资者们可以在一个固定的地点进行证券交易。证券交易所本身不能够买卖股票，这样更能保持自身的公正性。证券交易所在我国有四个，分别是上海证券交易所、深圳证券交易所、香港交易所和台湾证券交易所。

4. 证券登记结算机构

为证券的发行和交易活动提供证券登记、存管、结算业务等服务的场所被称为证券登记结算机构。证券的交易过程中存在着很多的风险，证券登记结算机构的出现弥补了这一点，使证券交易更加安全、便捷。

5. 证券服务机构

证券服务机构是一个服务种类繁多、项目十分具体的服务机构。其中的服务内容具体包括证券发行及交易的咨询、策划、财务顾问、法律顾问等配套服务，还有证券投资咨询、证券集中保管、证券清算交割服务、证券资信评估服务、证券登记过户服务、证券融资，以及经管理部门允许的其他服务项目。

6. 证券业协会

证券业协会是一个协助证券监督管理机构组织会员执行法律、行政法规的组织。协会设立会长和副会长等职务，证券业协会的章程由全体会员在会员大会上共同制定。除临时召开的会议外，证券业协会每两年固定召开会员大会，为促进证券业的健康、快速发展，其与政府和证券业相关部门一起致力于建设优秀的证券系统。

7. 证券监督管理机构

我们所说的证券监督管理机构也就是指中国证券监督管理委员会，该机构的组建目的是对证券市场进行监督视察，以保证证券市场的秩序和正常运转。中国证监会的监管范围很大，可以对上市公司、证券交易所、证券发行人等一系列相关部门进行监督管理，包括对证券的发行、上市一直到交易、登记和最后的存管、结算进行有效监督，甚至可以与其他国家和地区的证券管理机构合作，实现跨境管理。

1.7　什么是指数

新股民朋友们想要炒股获利，掌握股市动向，就离不开对指数的分析研究，那么什么是指数呢？从经济学的角度上说，任意将两个数值进行对比得出的相对数都可以被称为指数。放到股市而言，指数就是将某些采样的股票价格进行设计并且计算出来的数据，这些数据可以用来衡量股市的价格波动情况。下面就让我们来了解一下各种指数之间的不同之处。

1. 上证指数

上证指数可以说是国内最权威的统计数据，分为4类共16种指数，包括上证180指数、上证50指数、上证综合指数、A股指数、B股指数、分类指数、债券指数、基金指数等指数。

2. 上证综合指数

上证综合指数就是我们常说的上证综指或上证指数。上证综合指数于1991年7月15日正式发布，它可以准确地反映出在上海证券交易所上市的上市公司其股票的价格波动情况。

3. 上证180指数

上证180指数的前身是上证30指数，后经过调整正式改名为上证180指数。其样本股取自A股中比较有代表性的180种股票，上证30指数于1996年7月1日起正式发布，2002年7月改名为上证180指数。

4. 深证指数系列

和上证指数基本相同，深证指数由深圳证券交易所编制。其样本股取自在深圳证券交易所上市的所有股票，对广大投资者进行市场分析、投资预测和判断起到很大的帮助作用。

1.8　了解中国股市中的主力

俗话说得好，大树底下好乘凉，这个道理在股市中同样适用。新股民朋友们初入股市，一定要对股市中的巨头们有所了解。这些主力巨头财力雄厚，甚至可以通过自身的买卖来影响股价的走势，而且主力们通常都会联合行动，不会轻易落单，不容小觑。只有了解主力们的情况，新股民朋友们才能趋吉避凶，避免财产受到损失，甚至可以搭上这些实力强大的主力的顺风车，轻轻松松完成获利套现的目标。下面就来了解一下我国股票市场中的各方主力。

1. 保险

说起保险公司，相信新股民朋友们都不会陌生，保险存在于我们的日常生活中，为我们提供保障。在股市中，保险公司是主力巨头之一，它们凭借自身雄厚的资金优势可以说是翻手为云、覆手为雨，有时会影响股价的走势，实力十分强大。

2. 社保

社保的全称为全国社会保证基金，由全国社会保障基金理事会进行管理。由于其拥有庞大的资金，在股市中成为当之无愧的主力巨头。而与其他主力巨头不同的是，全国社会保证基金通常不会进行低买高卖等操控股价的行为，"按兵不动"是它在股市中的处事原则，深受广大投资者的信赖。

3. 游资

投机性短期资金被称作游资。游资的目的是在最短的时间内获得最大的利益，具有很强的流动性，行踪飘忽，让人捉摸不定。游资的特性使它成为股市中的常客，其非常善于通过种种手段对股票进行操盘，低买高卖，从而获得巨大利益。新股民朋友们需要对其重点关注，以避免风险，获得利益。

4. 私募

私募通常指的是数量在35个以下的投资者将资金集中，进行股票投资的行为。参与私募的成员往往是财力十分雄厚的投资者。众人拾柴火焰高，强者的抱团行为自然不容小觑。

1.9　了解股市中的常用术语

各行自有各行话，新股民朋友们想要成为股市中的行家里手，了解股市中的各种专业术语自然是必不可少的一课。只有明白这些术语所代表的含义，才能在日后与其他股民交流或者吸收各种渠道的股市消息时学到更多的股市知识；也只有熟练掌握了这些术语，才能真正融入多姿多彩的股市中去。下面就为新股民朋友们罗列一些股市中的常用术语，以供股民朋友们了解、学习。

1. 大盘

大盘指的是股票指数的情况，大盘也就是大市。股市中还有盘口一说，指的则是股票当时的买卖情况。

2. 仓

仓的意思很容易理解，望文生义，仓在股市中指的就是各投资者账户中所购买的股票。建仓就是购买股票，清仓则是卖出全部股票，补仓是继续加买股票，减仓则是卖出一部分股票。

3. 牛市与熊市

这应该是流行度最广的两个股市术语了。牛市是指股市绝大部分的个股股价都有所上升，形势一片大好；熊市则正好相反，指股市整体疲软，股价频频下跌。

4. 多和空

多、空也是股市中频繁出现的两个字，其中多代表买，空则代表卖。多方也就是买方，空方就是卖方；看多代表认为后市股价会有所上涨，看空代表认为后市股价将有所下跌。

5. 套牢与解套

当投资者购买股票后，股价没有像预期一样上涨，反而出现了下跌的情况，这时如果卖出股票，投资者的财产就会受到损失，这种情况被称为套牢。股价下跌得越快越多，投资者就被套得越加牢固。而解套一词则与之相对，当投资者被套牢后，股价回升至或超过购买时的价格，这种情况被称为解套。

6. 短线、中线、长线

这三个词语指的是投资者的投资方式或风格。短线指的是快速买入和卖出，以求短时间内获得利润。中线的投资时间则比短线要长，往往是因为持股者想先进行观望，以求获得更高的利益。长线就是指持有一只股票很长时间的投资方式。

7. 散户

散户就是充斥在股市中的广大股民，他们没有组织，往往进行的是个人小金额的投资，即单打独斗。

8. 涨停与跌停

为了防止股价出现大幅度的上涨或者下跌，证券交易所会对股价每个交易日的涨跌幅度进行限制。上涨至上限则为涨停，下跌至下限则为跌停。

9. 白马股与黑马股

白马股指的是长期走势良好，被广大股民看好并且进行投资的股票。黑马股指的是没有被人们注意却突然爆发力量，股价在短时间内出现暴涨的股票。

10. ×开×走

开指的是股票的开盘价，走则是指股价后续的走势。比如高开高走，意思就是说，股价的开盘价高于前一个交易日的收盘价，并且开盘后股价继续上涨；而低开低走，指的就是股价以相对较低的价格开盘，并且持续走低的情况。

11. "坐轿子"与"抬轿子"

"坐轿子"是一种投机行为，指预计股价即将出现上涨或下跌的情况，提前买入或卖出，等到消息证实，股价出现变化后，通过卖出或买入获得利益的行为。而"抬轿子"指的是，当传出利多或利空的消息后再进行买入或卖出的行为。

第2章 股票交易的基本流程

02

　　新股民朋友们想要在股市中投资获利、大展拳脚，就要对股票交易的基本流程了如指掌。在进行真正的股票买卖操作前需要做一些准备工作，本章就为新股民朋友们介绍一下股票交易的具体操作。

2.1 买卖A股股票的步骤

在这里为新股民朋友们讲述一下购买股票的具体方法。

1. 开户

想要进行股票的买卖，首先需要开户，也就是准备两个账户：第一个是用来存放资金的账户，这个账户由券商发放；第二个是用来存放股票的账户，这个账户由交易所发放。

2. 委托

投资者开户成功后，就可以在证券商营业时间内向证券商进行买卖股票的委托。买卖股票的委托能否成交，最终要根据集合竞价或连续竞价的结果而定。

3. 竞价成交

竞价分为两种形式，一种是集合竞价，另一种是连续竞价。证券交易所将所有股票的买卖信息分别放置，供投资者们竞价，买卖双方达成共识后，交易成功。

4. 清算交割

买卖双方竞价成交后，需要通过证券交易所进行清算交割，就是通过证券交易所将证券商之间的证券买卖数量和金额分别予以轧抵，其差额由证券商确认后，在事先约定的时间内进行证券和价款的收付了结。

5. 过户

买卖双方在进行交易的同时，过户手续也就完成了。在完成过户后，买入股票者可以接替卖家成为该股票的股东，并获得该上市公司一切的股东权利。

2.2 怎样开设证券账户

证券账户卡的作用就是给投资者开立证券账户的一份有效凭证，这份凭证由证券登记机构发出。证券账户卡如果按照市场进行划分，可以分为深圳证券账户卡和上海证券账户卡；如果根据交易对象进行划分，则可以分为A股证券账户卡、B股证券账户卡、基金账户卡、股份转让账户卡和其他账户卡五种。

1. 机构投资者办理证券账户卡时需要准备的材料

机构投资者办理证券账户卡时，需要办理人员携带公章和材料前往证券营业部进行办理。需准备的材料如下所述。

（1）一份企业法人营业执照的正本复印件，两份副本复印件。这三份复印件都需要加盖公章。

（2）一份组织机构代码证的正本复印件，两份副本复印件。这三份复印件都需要加盖公章。

（3）一份税务登记证正本复印件，一份副本复印件。这两份复印件都需加盖公章。

（4）两份加盖公章的法定代表人证明书。

（5）两份加盖公章并有法人签字的法定代表人授权委托书。

（6）两份法人以及经办人的身份证复印件。

2. 个人投资者办理证券账户卡的程序

个人投资者办理证券账户卡的程序如下所述。

（1）需要出示一份16周岁至18周岁自然人的收入证明。

（2）需要本人携带资料前往证券公司的柜台进行办理，如果委托他人办理手续，除了收入证明外，还需提供经过公证的委托代办书和代办人的身份证明原件各一份。

（3）办理证券账户卡时，必须填写一份《证券客户风险承受能力测评问卷》与一份《证券交易开户文件签署表》。

（4）投资者第一次办理证券账户卡时需要填写一份《自然人证券账户注册申请表》。

（5）投资代办股份市场的客户需要额外填写一份《股份转让风险揭示书》。

（6）办理银行三方存管需填写《客户交易结算资金第三方存管协议》，同时证券开户本人需携带本人银行借记卡去银行网点柜台确认，没有该银行借记卡者需在银行柜台新办借记卡。

（7）投资者还需要缴纳一定的证券开户费。

2.3　怎样开设资金账户

新股民朋友们拥有了股票账户卡后不能立刻进行股票交易，还需要开设资金账户，选择合适的证券营业部就成为接下来需要处理的事情。

首先，一家设备齐全的证券部是我们的首要选择。因为我们在炒股投资时非常依赖于行情分析、委托交易等设备，如果证券部设备齐全，会对我们日后投资起到很好的帮助作用。其次，新股民朋友们最好选择距离较近的证券部，因为大部分股民炒股都只是副业，如果距离证券部太远，就会耗费更多的精力。最后，要看重证券部的服务质量，毕竟作为投资者，在证券部就相当于消费者，证券部要为股民提供服务。证券部是否拥有良好的服务质量，就成为我们进行选择的一项重要标准了。

下面介绍一下办理资金账户的步骤。

（1）到证券部规定的银行开立一个活期存折（原来已开立的活期存折仍然有效），存入人民币，作为证券部开设交易账户的保证金。

（2）办理资金账户时需携带本人有效身份证，若委托他人代办，代办人还需携带自己的身份证、证券账户卡、活期存折到自己选择的证券部办理手续。

（3）与证券部签署一式二份的《代理证券交易合约》及《指定交易协议书》。如要办理电话转入、转出保证金，还要与证券部、开户银行三方签署一式三份的《证券保证金自助转账系统协议书》。

（4）证券部发给股民交易账户卡。

（5）填写《保证金转入凭证》，将一定数量的保证金从活期存折转入自己的交易账户，取回存折。若要办理电话委托下单，一般要转入几万元以上的保证金到自己的交易账户上；若转入几十万元以上的保证金，就可以进入证券部的大户室，获得专属于自己的空间进行投资。不同的证券部要求转入的保证金数额也不相同。

2.4　什么是成交竞价

成交竞价分为两种，分别是集合竞价和连续竞价。下面详细介绍一下两种竞价的不同之处。

1. 集合竞价

集合竞价的时间相对较短，是指在交易日9点15分至9点25分这段时间内，投资者可以根据自己的心理预估对股票进行买卖申请。但需要注意的是，在9点15分至9点20分，可以申报也可以撤销申报，但在9点20分至9点25分只能进行申报而不能进行撤销申报。在这段时间内，不需要按照时间优先和价格优先的交易原则竞价。股票每个交易日的开盘价就在这段时间内产生。

股票集合定价由电脑交易处理系统对全部申报按照价格优先、时间优先的原则排序，在此基础上找出一个基准价格。这个价格的确定要满足三个条件，分别是：最大的成交量，同时满足高于基准价格的买入申报和低于基准价格的卖出申报，与基准价格相同的买卖双方中需要有一方的申报能够全部满足。

2. 连续竞价

每个交易日9点30分开始，在完成集合竞价后，就进入到了连续竞价的时间。在连续竞价的时间内，交易原则变成了价格优先，如果价格相同则按照时间先后的原则进行交易。在这段时间内，买卖双方将分别站队，各自按照价格进行排序。上海证券交易所的连续竞价时间是每周一到周五交易日的9点30分至11点30分和13点至15点。深圳证券交易所的连续竞价时间则是9点30分至11点30分和13点至14点57分。

2.5 清算交割和过户

当我们完成了开户等操作并且成功买卖股票后，最后需要了解的就是清算交割和过户了。下面了解一下这两个流程的具体信息。

1. 清算交割

通过证券交易所将证券商之间的证券买卖数量和金额分别予以轧抵，其差额由证券商确认后，在事先约定的时间内进行证券和价款的收付了结的行为被称为清算交割。详细来说，清算交割分为两个部分，一部分是证券商与交易所之间的清算交割，而另一部分则是证券商与投资者之间的清算交割，也就是投资者付出资金得到证券，而证券商付出证券得到资金的过程。新股民朋友们需要知道的是，在交割完毕后会得到交割单，这是保护我们权益的有效凭证，如果交割后出现疑问，可以凭借交割单向证券商进行查询。

2. 交割日期

交割日期是指买卖双方遵照预定完成证券与资金的交易时间。根据交割日期的不同，可以分为五种交割形式，即当日交割、次日交割、例行交割、选择交割和发行日交割。目前在我国实行的是T＋1的交割制度，也就是次日交割。股民所查询到的账户上的资金余额及股票余额均为可用数，不包括因委托买入而冻结的现金余额、因委托卖出而冻结的股票数量和当日买入成交的股票数量。但股票卖出成交后的资金会及时存入资金所在的余额中，这部分资金可于当日使用。即当日买进不能当日卖出；当日卖出后的资金当日到账，可于当日再次买进，从差价中获取利润。

3. 过户

过户是指投资者在完成股票的买入后，凭借持有的股票进行股东变更的手续。在交易完成后，股票卖家会在股票背面的背书栏内签名盖章，以证明该股票已成为可转让过户的股票。购买者持有效证件前往股票发行公司或委托的代理机构提出办理过户申请，并填写股票过户申请书，成为该股票的新持有者。新股东将拥有一切该上市公司股东的权利。

第 3 章

03 经典炒股
理论

　　证券市场已经存在多年，一直受到投资者们的争相追捧。股民们都想掌握其中的窍门从中获利，久而久之就有了越来越多的炒股理论。本章为新股民朋友们介绍几种经典的炒股理论，希望他们可以站在巨人的肩膀上继续前行。

3.1 道氏理论

提到道氏理论相信大家都不会感到陌生，道氏理论是股票走势分析的基础，这一经典理论的创始人是查尔斯·道，他原本是一家报社的编辑，后来接触了股票买卖并迅速掌握了炒股知识，创立了道氏理论。查尔斯·道并没有将自己的理论命名为"道氏理论"，这一理论是在他去世后由威廉姆·彼得·汉密尔顿和罗伯特·雷亚整理总结而得名并发扬光大的。

虽然道氏理论有时因不能及时反映股市情况而被人诟病，但这一理论被推崇至今主要是因为其所包含的哲学思维，并且查尔斯·道也曾说过，此理论主要目的是反映市场的形势，并不是完全用于股市。

但并不是说道氏理论对于我们立足股市没有帮助。要知道，市场的形势决定了股市的走向，我们可以通过道氏理论来推演市场走向，从而决定在股市上的投资。

在道氏理论的核心思想中，对市场有三个最重要的假设：人为操作假设、市场指数假设和客观分析假设。

1. 人为操作假设

指数和证券在短时间内有可能因为人为操作而起伏，人为操作对股市的次级折返走势也可能会有影响，但长时间的大趋势不是人为能操控的（如图3-1所示）。

2. 市场指数假设

市场指数中能体现的信息非常多，每个在股市中拼搏努力的人，他们的情绪、能力都会显现在大盘之上。所以，通过市场指数完全可以分析出在以后发生的未知事件可能造成的影响。即使突发恶性事件，也能直接在市场指数中显现出其造成的后果。

3. 客观分析假设

要想投资赢利，就要让自己站在第三方立场，完全客观地进行全盘推演、分析。因为一旦站在主观立场上看待投资，就很容易判断失误，导致投资亏损和失败。所以道氏理论最可贵的是其中的哲学思想，即客观地分析投资，全面地推演市场走势。

图3-1　道氏理论趋势示意图

新股民朋友们如果能对道氏理论进行全面的了解和研究，取其精华去其糟粕，总结出自己的判断方法，相信对未来的投资会有很大的帮助。

3.2　江恩理论

江恩理论的创始人江恩，绝对可以称为投资市场中的一位奇人。江恩在24岁时第一次接触到了期货买卖，由此开始了他的传奇之路。曾有人为江恩进行过统计，在25个交易日中，江恩共进行了200多次买卖行为，获利率竟然达到了92%。这一次实验使江恩的名字被更多的投资者所熟悉，他的理论及投资方法也被人们奉为至宝并争相学习效仿。下面我们就来了解一下江恩的循环周期理论。

（1）在股市中，股价永远是不断跌涨的，有上涨就会有下跌。每出现一次明显的下跌直到下一次明显的下跌就是一个循环周期。相对的，每出现一次明显的上涨直到下一次明显的上涨也是一个循环周期。

（2）在判断分析时要记住，下跌的循环周期要比上涨的循环周期稳定。

（3）在时时变化的股市中，循环周期并不是独立存在的。一个个小的循环周期能连接成一个大的循环周期。循环周期按时间长短分为四个等级，都以相对稳定的下跌周期划分：大循环周期为期几个月甚至几年；二级循环周期一般跨度是两周到几个月；小循环周期在半个月之内；微型循环周期在几分钟到几小时之间。

（4）利用四个以上连续明显的下跌或上涨的间隔时间算出平均时间，这一平均时间就是该时间跨度的循环周期。

（5）计算任何一级的循环周期，都有可能出现上下不超过15%的误差，这30%的误差范围可以称为时间窗口，通常下一次的循环会出现在时间窗口内。

（6）考量一段循环周期的准确程度，可以根据在时间窗口内出现的循环次数而定，次数越多越值得信任。

（7）循环周期相对稳定，不会受到突发事件的影响。

（8）在循环周期中，下跌和上涨都是相对的，并且不论是涨还是跌的点，都不会在同一水平线上。

（9）任何计算都可能发生意外，即使算出十分准确的循环周期，也可能有一小部分涨跌点于时间窗口外出现。

（10）根据循环周期可以分析出上涨或下跌的时间，但不能准确地判断出上涨或下跌的数值（如图3-2所示）。

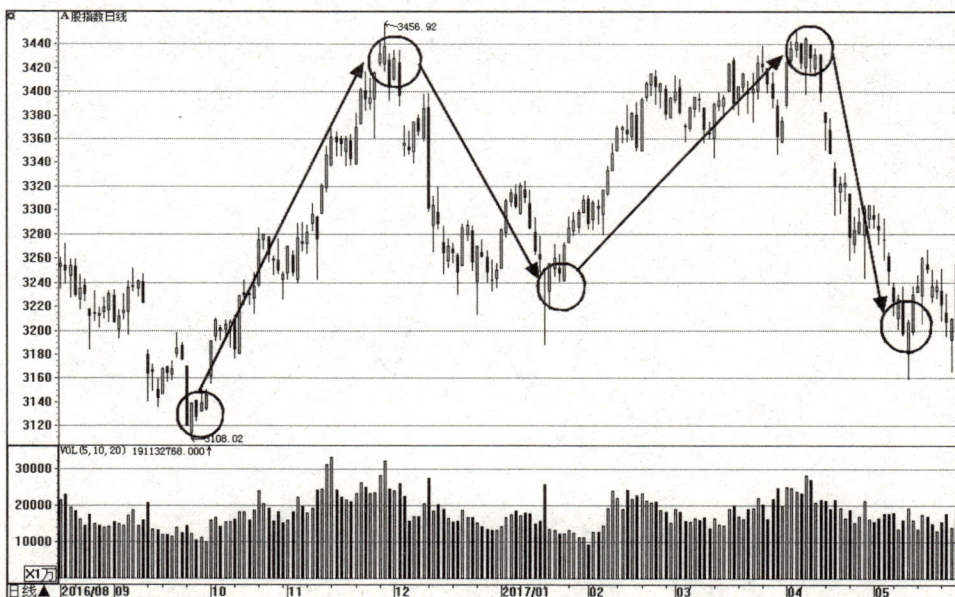

图3-2　2016年8月至2017年5月A股循环周期示意图

江恩所学甚多，他的理论中包含了他对数学、几何学甚至宗教和天文学的理解等，所以新股民朋友们在学习江恩理论后，不仅能加深对股市的了解，也可以从中获取更多值得珍惜的知识财富。

3.3 波浪理论

波浪理论是由美国证券分析家拉尔夫·纳尔逊·艾略特在道氏理论的基础上所创立的作用于股市的理论。波浪理论认为，股价的上涨和下跌是交替进行的，就像大自然中的波浪一样，一浪接着一浪，源源不绝。其中的波浪可以大致分为推动浪和调整浪两种。推动浪可以分为1至5共五个小浪。调整浪可以分为A、B、C三个小浪。当股价经历了推动浪和调整浪这八个浪潮后，可视为经过了一个周期，接下来股价会进入下一个大浪潮中（如图3-3所示）。

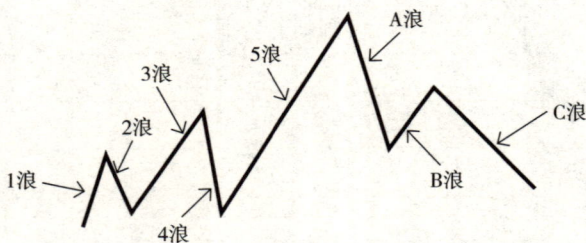

图3-3 波浪理论示意图

波浪理论的基本思想如下所述。

（1）必须拥有"五上三下"八个小浪潮，才能称为一个完整的周期循环。

（2）小浪潮之间可以相互合并，大浪潮也可以进行拆分。

（3）波浪理论主要利用的是人们的投资心理，在小规模的市场中并不十分适用。参与的人数越多，该理论越准确，这一点非常适合我国的证券交易市场。

（4）波浪理论最重要的数据基础是黄金分割率理论，感兴趣的新股民朋友们可以进一步进行了解。

（5）新股民朋友们可以将波浪理论拆分成部分看待，分别为形态、比率和时间。

（6）波浪理论的中心思想是交替。

当然，波浪理论也有其薄弱的地方，具体如下所述。

（1）在运用波浪理论时，往往会出现众人看法不一的情况，经常无法准确地判断出浪潮是否已经真正完结。

（2）波浪理论在运用到个股分析、判断时，往往得不到人们想要的效果。

（3）对比其他理论，波浪理论更加主观，所以在运用中非常容易出现错误，从而导致投资者利益受损。

（4）当股市的走向不按照"五上三下"的波浪理论运动时，此理论将完全失去作用。

每种理论都有其优势和缺陷，新股民朋友们在学习的过程中要带有自身的判断和理解灵活运用，这才是波浪理论真正的精髓之处。

3.4 亚当理论

亚当理论的创始人是美国人威尔德。在股市中提起威尔德，可谓是如雷贯耳。因为威尔德不只是亚当理论的创始人，在这之前他还曾创立了大名鼎鼎的强弱指数RSI等众多分析工具。有趣的是，在威尔德已经成为家喻户晓、人人追捧的明星时，他却推翻了自己之前创立的分析工具，发表了亚当理论。

原来，亚当理论并不是提出了如何精妙的推断方法，而是教导投资者面对投资的角度和态度。或者说，亚当理论并不是招式精妙的"武功秘籍"，而是一部可以驾驭所有武功的"内功心法"。可以说，新股民朋友们学习了亚当理论，就相当于在股市中拥有了一颗强大的心脏，足以面对日后出现的所有问题。

亚当理论的大致内容可总结如下。

（1）没有哪一种分析工具能够百分之百准确地预测股市的动向，投资者们不能盲目推崇与相信分析工具。

（2）每一次投资都要为自己留下后手，也就是留出可以东山再起的资金，如果抱着毕其功于一役的思想，往往会让自己失去腾挪的空间。

（3）不要过于相信预测指标的能力，因为如果预测指标可以精准无误地预测股价，那么炒股赚钱也未免太容易了一些。

（4）想要在股市中获得利益一定要顺势而为，如果固执己见、反大势而为的话，通常都会一败涂地。

（5）一旦投资后发现对局势判断失误，应该立即割肉离场，不要让自己被套得更深。一旦犹豫，想要继续观望，把希望寄托于股价的回升，往往会让自己的损失更加严重，并且浪费了下一次的投资机会。

希望新股民朋友们在学习并掌握亚当理论后，能够在今后的炒股生活中拥有不败金身，学会用另外一种角度来观察股市、了解股市、掌握股市规律，从而成为万千股民中的佼佼者。

3.5　相反理论

相反理论是一个想法新奇，十分有趣的股市理论。该理论认为，由于大多数投资者都缺乏相关的专业知识，所以他们的判断往往是错误的，那么如果反其道而行之，往往就会发现通往成功的大门。该理论并不只限于股票市场，还适用于所有具有投资性质的市场。

相信新股民朋友们此时已经对这个看似离经叛道的理论十分感兴趣了。下面就让我们来了解一下该理论的具体内容。

（1）当牛市的消息已经深入人心，所有人都认为此时入场即可投资获利时，就代表牛市即将见顶，应该尽早离场；当所有人都认为股市一片惨淡，熊市当道时，就代表熊市即将见底，这时应该入场建仓，等待股价回升。

（2）经过市场的调查和研究表明，在股市中通常只有二十分之一的人能够投资获利，绝大多数的人则沦为绿叶。想要脱颖而出、独占鳌头，就不能跟随大众的脚步，只有反其道而行之才能获得最终的胜利。

（3）并不是说只要是大多数人认为对的就一定是错的，通常在大部分人看好时，因为购买力的影响，股市都会有良好的走势。但当所有人都看好时，市场就会渐渐朝着相反的方向发展。

（4）相反理论并不是一个叛逆的理论，而是根据大众看法的比例进行推断和分析得出的结论。

相反理论并不是一个主观理论，它对大众看法的判断有着自身的数据指标，即好友指数和市场情绪指数，也就是通过周围人对市场看好的比例来判断大众的情绪。

　　希望新股民朋友们在了解了相反理论后，能够培养出自己对股市走向进行独立分析和判断的习惯，不盲目跟风，学会用怀疑的眼光看待股市中的种种情况，凡事都要经过自己的思考再得出结论。

3.6 箱体理论

　　箱体理论由尼古拉·大卫提出，该理论认为，股价在起伏中会形成一个类似于箱体的区域，股价常常会在这个箱体内波动，无法轻易跳出。这个箱体的上限是压力线，而箱体的下限是支撑线。当股价上升至压力线时，会受到阻力而导致股价下跌；当股价下跌至支撑线时，会受到承托而开始回升。该理论适用于短、中、长任何的时间段内，在不同的时间长度中，股价会形成不同的箱体（如图3-4所示）。

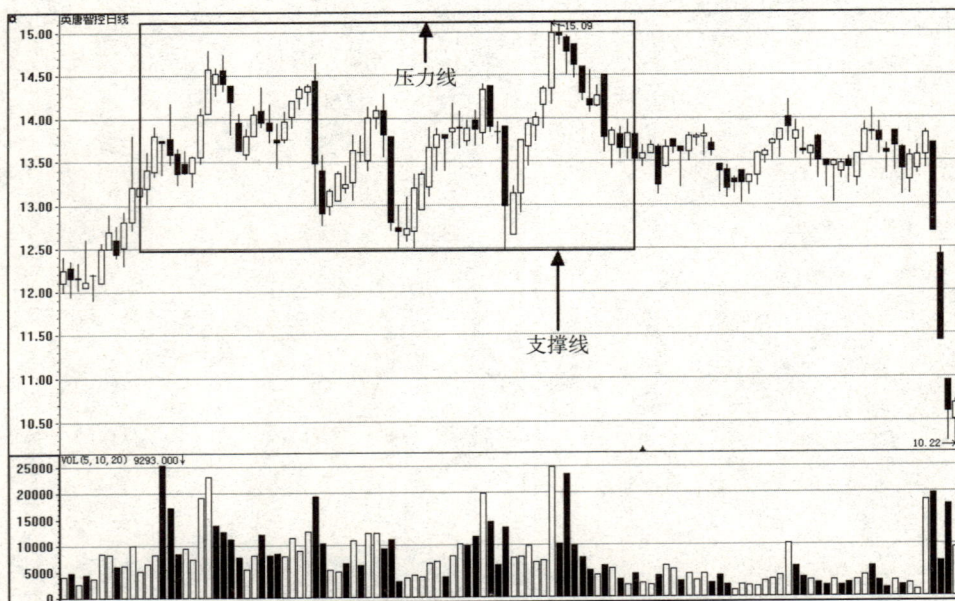

图3-4　箱体理论示意图

箱体理论的具体内容如下所述。

（1）在确定箱体前，首先要了解股价处于何种趋势之中，在大的趋势中才能找到准确的箱体。

（2）要懂得顺势而为，在上升的走势中买入，不要在下跌的走势下进行投资。

（3）当箱体发生变动时，应该先进行观望，等几个箱体出现后再根据实际的情况进行投资。如果在发现第一个箱体后就急于入场建仓，往往会遭受损失。

（4）箱体理论在中长线的投资操作中更能体现其准确性，在短线操作中，股价变化速度很快，新手运用箱体理论往往很难发现机会。

当然，作为一种投资理论，箱体理论也有其自身的缺点。那就是在对热门股进行投资时，由于热门股买卖双方竞争激烈、成交量大，箱体理论很难准确地确立上下边界，从而不能为投资者提供有效的投资建议。

其实，箱体理论简单来说就是压力线与支撑线的运用方法，属于简单的分析理论。其简单易懂的特点恰恰符合新股民朋友们的需要，只要认真进行阅读和学习，并带入自己的思考，相信很容易就可以融会贯通，并付诸日常的股票买卖中。希望箱体理论可以在每一个新股民朋友的手里大放异彩，成为有力的投资获利工具，为实现我们获利套现的目的添砖加瓦。

3.7 迪威周期理论

迪威周期理论由爱德华·迪威创立并提出。由于这一理论是根据国外的股市情况进行总结而提出的，所以并不能全盘适用于中国股市。我们在学习的过程中要有所侧重，重点了解适用于我们投资的内容。

（1）能够影响股市走向的因素多种多样，很多看似毫无关联的事情其实都会在大致相同的周期中运行。

（2）周期具有惊人的相似性，即股市会在大致相同的时间上以大致相同的趋势发生变化。

（3）周期可以分为短、中、长三种，短周期一般只有几周，中周期为一年左右，长周期则为两年或两年以上。

（4）宽随长变。迪威周期理论提出，如果周期较长，那么波幅的宽度也会随之变大。如果周期相对较短，那么波幅的宽度也会随之缩小。

（5）周期之间的比例为2，例如一个周期是一个长达两年的长周期，下一个周期则会是长度为一年的中周期，以此类推。

（6）两个不同周期的波幅可以进行叠加，从而得出一个新的波幅。

（7）波幅不仅同时，而且同步。

由于迪威周期理论并不完全适用于中国的股市，所以新股民朋友们在了解和学习的过程中需要有自己的见解，带着怀疑的眼光选取对自己有帮助的言论。只有懂得更多的股市理论，才能在以后的投资过程中遇到任何情况都不会手忙脚乱，而是胸有成竹地利用多方面的知识对股价走势进行精准的判断，从而获利套现。

3.8　量价理论

　　量价理论由美国股市分析家葛兰碧提出。葛兰碧认为，成交量是决定股价走向最为重要的因素，如果没有成交量的支持，股价根本无法发生变化。并且，成交量总是先股价而动。这一论点受到越来越多人的追捧，众多投资者在分析、判断股价走向时都会将目光放在成交量上（如图3-5所示）。

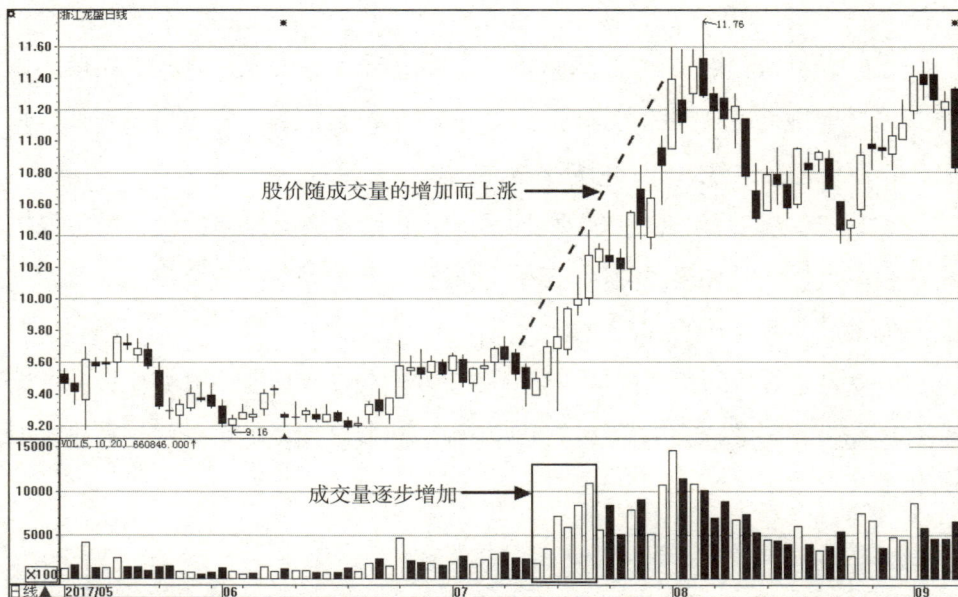

图3-5　量价理论示意图

　　量价理论的具体内容如下所述。

（1）通常股价会随着成交量的上涨而上涨，也就是所谓的量升价升。

（2）当股价随着成交量的上涨而上涨时，如果股价继续上涨但后续没有成交量的支持，就代表这段涨势即将结束，股价将发生下跌。

（3）如果股价在上涨的同时成交量反而缩小，那就代表股价的走势很有可能发生反转，投资者此时应该尽快离场。

（4）当股价伴随着成交量的稳定增长而逐渐上涨时，成交量突然暴增，股价也紧随其后开始大幅度上涨，之后成交量迅速萎靡，股价也随之下跌，代表股价涨势已尽。

（5）当股价处于低谷时成交量开始上涨，股价却没有继续下跌。出现这种情况，则后市看好，股价随时有可能回升。如果股价处于高位时成交量上涨，但股价按兵不动，则代表股价已经触顶，后市看空，股价随时可能下跌。

（6）股价持续下跌一段时间后，通常会导致持股人对该股丧失信心，争先恐后地进行清仓抛售。这时，已经创下的最低股价将很难再创新低，也就是说股价已经触底，随时可能开始回升。

（7）当股价处于低谷又开始回升时，若没有成交量的持续，股价很快将跌回原点，此时如果成交量比第一次股价处于低谷时的成交量还要低，那么股价很可能即将开始真正回升。

成交量是股价的重要伙伴，新股民朋友们想要掌握股价的变化，就一定要对成交量有所了解。相信在量价理论中，新股民朋友们可以找到自己需要的知识。

3.9　证券组合理论

证券组合理论的创始人为H. 马科维茨，后来经过W. 夏普和J. 林德乃尔逐渐完善，才慢慢被投资者所熟知。相信大家都听过一句话，"风险等于收益"，这一理论将这句话发展到了极致。

该理论认为，没有风险就不会有收益，每个成功投资者获利的主要原因并不在于其手段多么高超、知识多么丰富，而是因为其承担了风险、战胜了风险。所以，想要增加成功的概率，就要学会降低风险的程度。这就是证券组合理论的中心思想。

该理论认为，降低风险的方法并不复杂。证券的总体投资风险远远低于个股的投资风险，对个股进行合理组合，分散投资，更容易获得成功。

不要将所有鸡蛋放到一个篮子中的道理相信新股民朋友们都明白，所以理解证券组合理论并不难。希望每个新股民朋友都可以通过合理地分析组合，使投资风险降低，使自己拥有不败金身，在股市中越战越勇，闯出一片自己的天地。

第4章

84　炒股就是炒大势

　　愚蠢的行动使人陷于贫困，投合时势的行动却能令人致富。股市就是如此，想在股市中投资成功，就要学会审时度势。大盘体现的不仅是各只股票的起伏，更包含总体的市场格局、未来经济的走向，甚至国家政策的改变等，这就是大势。反过来，股市中的高手们往往能从政策或经济形势的细微改变中分析出股市的走向。他们顺势而为，趋吉避凶，在瞬息万变的股市中独领风骚，无往不利。

4.1　看清宏观经济，掌握投资先机

近年来，中国经济的发展可谓日新月异、突飞猛进，处在如此环境下，股市自然也发展迅猛。但凡事有利有弊，还不成熟的中国股市有着太多的变数。宏观经济形势的一点点变化就会直接影响股市的走向。

中国房地产市场从2016年开始呈爆炸式增长。房地产类股票一路走高，众多投资房地产的股民赚得盆满钵满。

2016年12月9日，中共中央政治局召开会议。会议明确指出，2017年要加快研究建立符合国情、适应市场规律的房地产平稳健康发展长效机制。随后几个月中，众多一、二线城市出台限购令等相关政策，房价开始回落。股市是市场的镜子，随着房价的跌落，房地产股市的持续走高戛然而止（如图4-1、图4-2所示）。

股市是市场的先行者，新政策的成效也许无法于短时间内在其他市场中体现出来，但股市已经给出了答案。限购令的出台使房地产龙头股万科A（股票代码：000002）都显出颓势，政策力度可见一斑。

限购令对保利地产（股票代码：600048）的影响更是巨大，保利地产上涨的势头戛然而止，股价急转直下。在短时间内房地产板块的低迷走势已无法逆转，保利地产恐怕无法单独止住颓势。

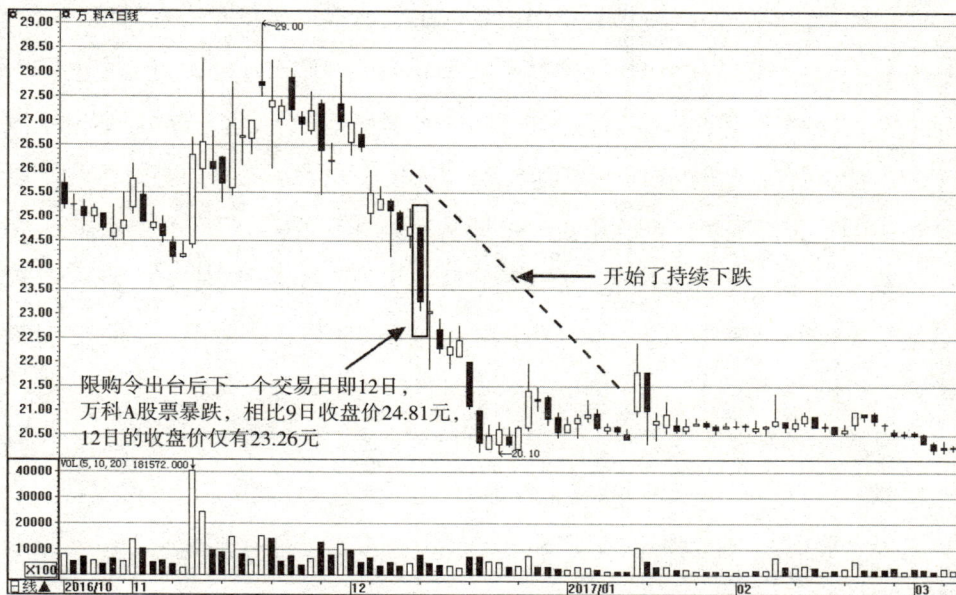

图4-1　2016年10月至2017年3月万科A的K线图

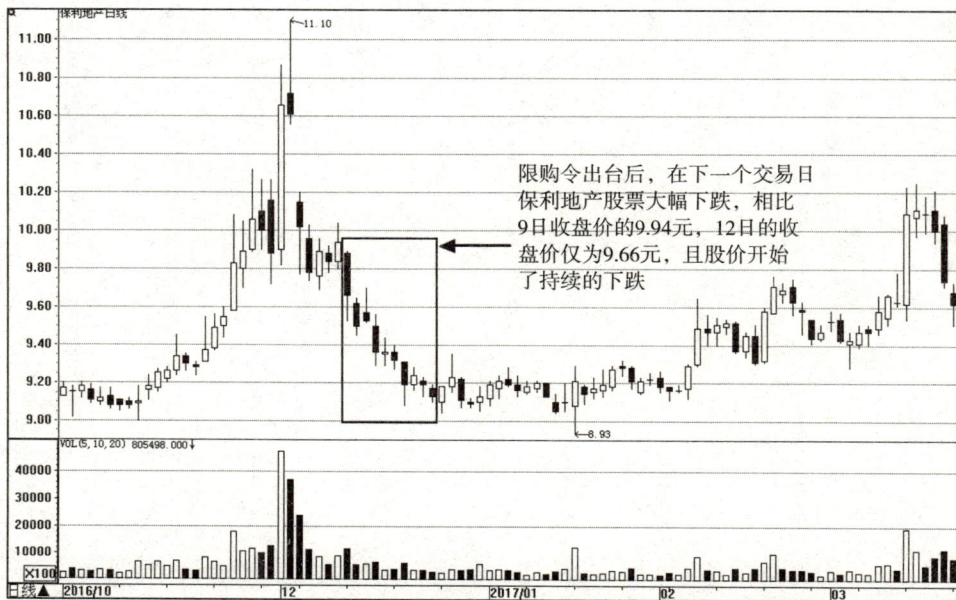

图4-2　2016年10月至2017年3月保利地产的K线图

中国的房地产市场在1992年房改后迎来了春天，多年来一直保持着良好的发展态势。到了2003年，由于越来越多的人口向城市迁移，对房屋的需求量增大，使得房地产市场发展更加迅猛。很多房地产上市公司的股票成了众多股民投资优先考虑的目标。但近年来中国一、二线城市房价持续攀高，越来越多的人无力购买房产，中央对房地产市场进行了多次强有力的调控。相关政策一出台，众多城市的房价开始回落，房地产的股市也持续走低，呈现低迷状态。所以关注国家宏观经济形势是每个新股民的必修课，同时也是最重要的投资准则。

只有看清宏观经济走势，才能做到趋吉避凶。形势好时果断买入，在股市中赚得一桶金；情势不好时未雨绸缪，在股价下跌前售出，以避免损失。可以说，股民们准确掌握宏观经济形势，就能在股市中越战越勇，立于不败之地。

4.2 放眼世界，了解国际经济形势

随着各国之间合作、贸易往来日益频繁，互相的经济依存度也越来越高，全球经济一体化势不可当。但凡事有利就有弊，经济一体化能够加强世界各国的联系，加速经济发展，也容易让国家的经济因国际经济形势的改变而受到冲击。

2001年中国加入WTO，对世界敞开了怀抱。在过去的十几年中，中国与其他国家的合作和交流更加密切，经济快速发展；但也曾受到2008年金融危机的冲击，陷入经济灾难，可以说既有机遇也有挑战。随着中国经济与国际经济逐渐接轨，作为经济的镜子，中国的股市自然也随着国际经济形势而起伏，让人捉摸不定。

2017年5月11日，受欧佩克会议即将开启和美国原油产量增加等原因影响，国际原油价格再次暴跌。每吨柴油下降235元，每吨汽油下调250元，原油价格的下跌对众多行业有很大影响，自然影响到了股市。

国际原油价格的下跌使航空行业成本降低，盈利提升。航空板块股将因此获利，南方航空（股票代码：600029）更是迎来了一波持续的涨势（如图4-3所示）。

国际原油价格的暴跌对汽车行业也是利好消息，汽车行业同样因为成本的降低而获利。一汽富维（股票代码：600742）就很有代表性，下跌的形势被逆转，2017年5月12日涨幅即为0.8%（如图4-4所示）。

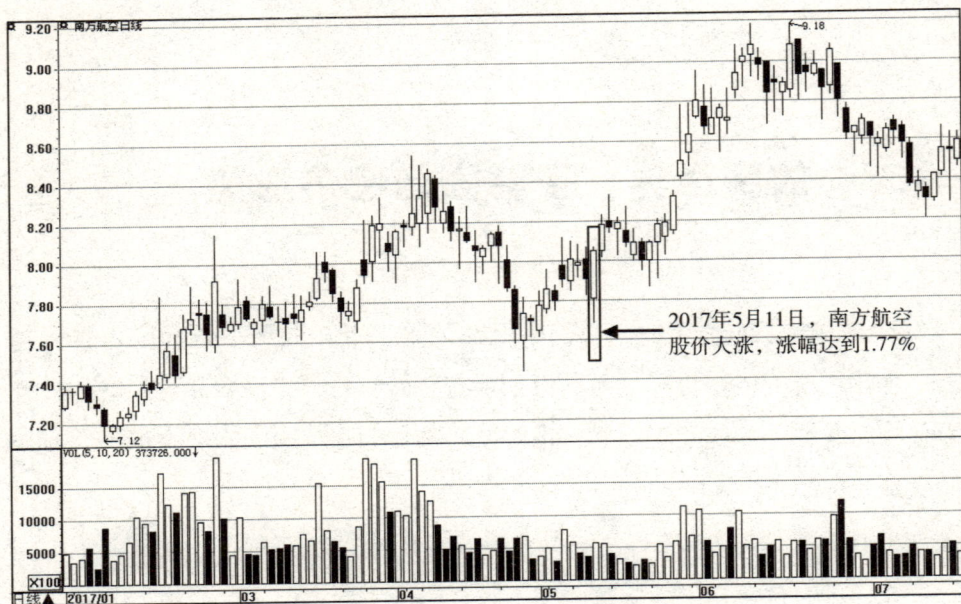

图4-3　2017年1月至7月南方航空的K线图

图4-4　2016年12月至2017年7月一汽富维的K线图

所以，新股民朋友们一定要放眼世界，不仅要掌握国内的经济动态，对全球金融市场的形势也要做到心中有数。下面是现如今国际经济形势的几点概要。

（1）全球经济遇到的风险和困难逐步增多，主要经济体增长放缓、通胀上升，紧缩货币政策周期开启，与此同时，贸易保护主义正在抬头。

（2）在美联储宣布加息后，部分发达国家的货币政策开始逐渐分化。

（3）世界各国对能源、资源的关注日益加强，能源、资源可能成为影响国家之间经济关系的重要因素。

总而言之，如今的世界经济发展趋势使影响股市的因素越来越多。新股民朋友们必须对国内、国际经济两头关注、一手掌握，这样才能在股市中进退自如，游刃有余。

4.3 了解政治格局，从容规避风险

影响股市走向的外界因素众多，而政治因素无疑是最直接、最快速的因素之一。一个国家的经济想要有良好的发展，就需要稳定的政治环境作为基础。当国家的政治形势变化时，股市就会出现更大的风暴，政治的走向直接影响到股市的行情。所以说，政治决定经济，经济支撑政治，二者相辅相成，一荣俱荣一损俱损。不仅本国的政治决定股市，国外的政治变迁一样能影响国内股市的起伏。

2016年11月9日，美国共和党候选人特朗普战胜了民主党候选人希拉里，当选美国第45任总统。特朗普的胜利出乎大多数人的预料，他的"美国优先"的主张也让世界各地陷入了恐慌。全球股市大幅震动，众多股票大跌。但有危机就有转机，能规避风险的黄金等股票开始大涨。

特朗普的胜选使节节高升的A股停下了脚步，人们担忧新一代的美国政策会对中国经济进行打压，恐慌中纷纷抛售导致股价下跌。但A股的韧性也让股民们欣喜振奋，在下一个交易日重振雄风，继续飘红（如图4-5所示）。

每当股民们为股市前景担忧时，都会纷纷把资金注入能够规避风险的黄金等股票。在特朗普胜选的当日，黄金类股票大涨。中金黄金（股票代码：600489）的收盘价由前一天的13.34元上涨到了当日的14.67元（如图4-6所示）。

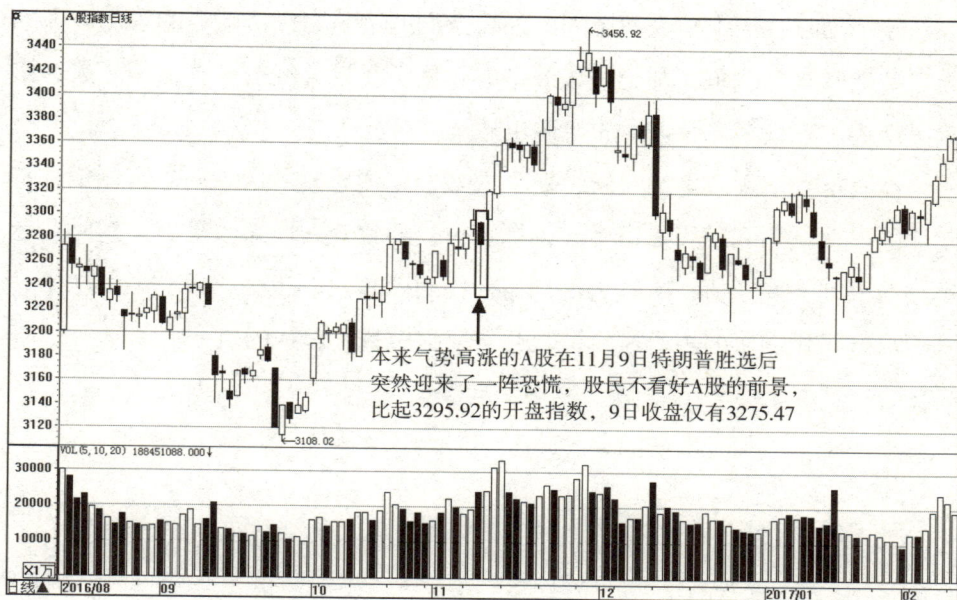

本来气势高涨的A股在11月9日特朗普胜选后
突然迎来了一阵恐慌，股民不看好A股的前景，
比起3295.92的开盘指数，9日收盘仅有3275.47

图4-5 2016年8月至2017年2月A股的K线图

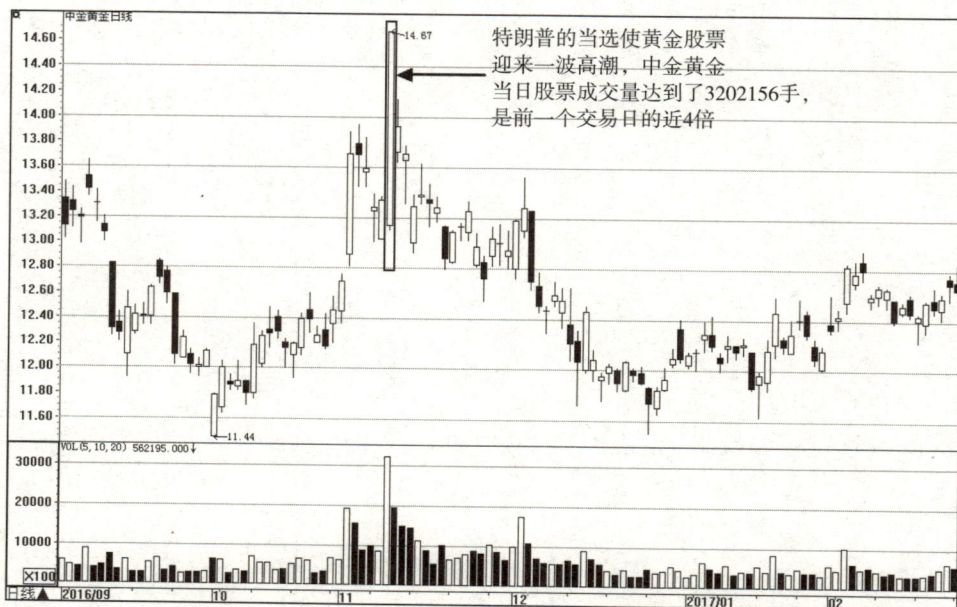

特朗普的当选使黄金股票
迎来一波高潮，中金黄金
当日股票成交量达到了3202156手，
是前一个交易日的近4倍

图4-6 2016年9月至2017年2月中金黄金的K线图

除了国际政治走向，一个国家外交方面的进展、经济政策的改动、大的天灾险情甚至是战争，都会造成股市的起伏。在世界经济一体化的今天，影响股市的因素众多，股市中的机遇也越来越多。

当股市发生大震荡的时候，新手朋友们无须恐慌。像上面的案例中，特朗普的当选使国际通用货币美元大幅贬值，导致众多股票跌落，但这时黄金类等股票则大幅升值，所以大的动荡往往隐藏着大的机会。只有眼观六路、耳听八方，才能从容规避风险，甚至从风险中找到赚钱的机会。

4.4 行业政策影响股市走向

众所周知，中国的股市起步较晚，1987年11月18日第一只股票才在上海发行。由于股市经历的时间较短，所以并不是十分成熟。不仅国家宏观经济政策会影响股市，各行业的政策也决定了相关行业股票的走势。

中国的经济模式是市场经济加宏观调控，经济不只由市场自行调整，政府也会根据一些行业的情况出台相关的政策，来保证行业良好的发展。对国家和人民影响大的行业会受到政府优惠政策的帮助，这就会给股民们很多好的机会。

2017年6月13日，国务院法制办公室发布了《乘用车企业平均燃料消耗量与新能源汽车积分并行管理办法（征求意见稿）》。这一政策是对新能源汽车业大力的整顿和支持，积分能够换取补贴更刺激了行业的发展，可见新能源汽车必将迎来一段高速发展时期。

国务院推出的关于新能源车的新政对该行业无疑是利好的，这在股市中也迅速体现了出来，股民们都看好该行业的发展前景，进行投资。2017年6月13日法拉电子（股票代码：600563）股价的成交额为3.30亿元，涨幅达到了9.81%（如图4-7所示）。

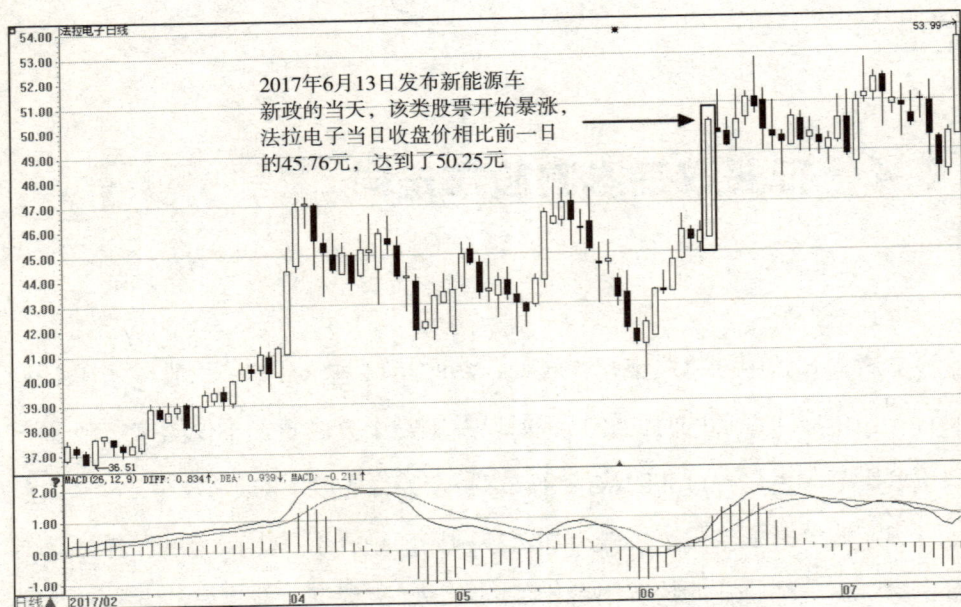

图4-7　2017年3月至7月法拉电子的K线图

2017年5月12日，国家发改委发布的《2017年钢铁煤炭行业去产能工作意见》提出，2017年煤炭行业缓解过剩产能将达到1.5亿吨以上，全面关停钢铁行业落后生产设备。对钢铁煤炭行业落后产能的整顿有利于总体行业的发展，促进其稳定健康成长。

国家发改委发布的关于钢铁煤炭去产能的政策无疑给昊华能源（股票代码：601101）注入了新的活力。昊华能源的股价不仅停止了下跌的脚步，而且政策发布当天就开始了上涨，涨幅为1.68%，后续更是节节升高（如图4-8所示）。

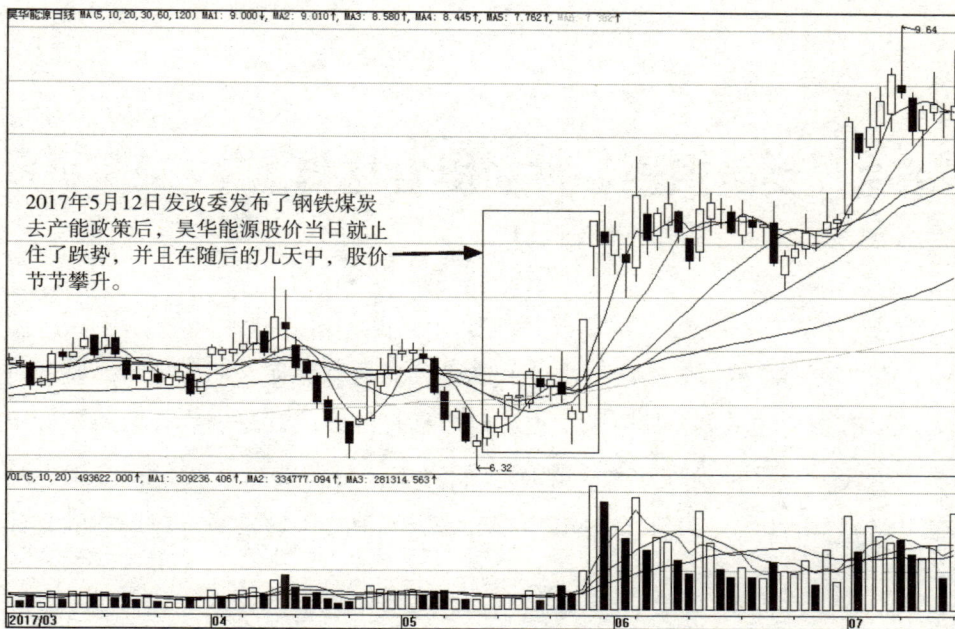

2017年5月12日发改委发布了钢铁煤炭
去产能政策后，昊华能源股价当日就止
住了跌势，并且在随后的几天中，股价
节节攀升。

图4-8　2017年1月至7月昊华能源的K线图

　　以上案例充分表现出行业政策对股市的巨大影响力。对行业的扶持、鼓
励政策能使行业迅速发展，无疑给相关板块打了一针强心剂，加强了股民朋
友们对相关行业股票的投资热情。而对行业产生负面影响的政策会使行业发
生震荡，从而导致股民不敢投资，股票价格自然会下跌。所以新股民朋友们
一定要关注政策对行业的调整，才能找到心仪的那只股票。

4.5　未雨绸缪，严防突发事件

股市变化无常，突然的暴跌或暴涨总会令新股民朋友们摸不着头脑。其实，股市的变化一定有其原因，很多时候猛烈的波动都是因为社会或国际上发生了突发事件。这些事件会影响人们对相关行业的看法和投资方向，从而引起股票的起伏，大的突发事件有可能影响很多区域甚至全球股市的整体走势。

2017年8月8日21时19分，四川省北部阿坝州九寨沟县发生了7.0级地震。由于九寨沟是旅游热点地区，这次受灾人数众多，死亡数十人，伤者数百人。地震过后满地疮痍，九寨沟的灾情牵动着全国人民的心。

伤痛之后，灾后重建变成了首要工作。救灾中需要大量的医疗药品和建筑材料，这些物资的相关股票也会受到人们的关注和投资从而上涨，哈药股份（股票代码：600664）就是其中的典型代表。关于水利、保险等股票此时都会有很高的关注度，容易发生起伏（如图4-9所示）。

自然灾害是每个人都不希望发生却无法阻止的事情。当灾害发生时，人们最关注的就是灾后的救助活动，股民们也纷纷投资医药、建筑、保险等板块，希望这些公司能够尽可能地抹去灾难的痕迹。

让股市发生起伏、震荡的不只是自然灾害，国家的军事行动往往对股市的影响更大，有时甚至决定了很多国家股市短期内的走向。

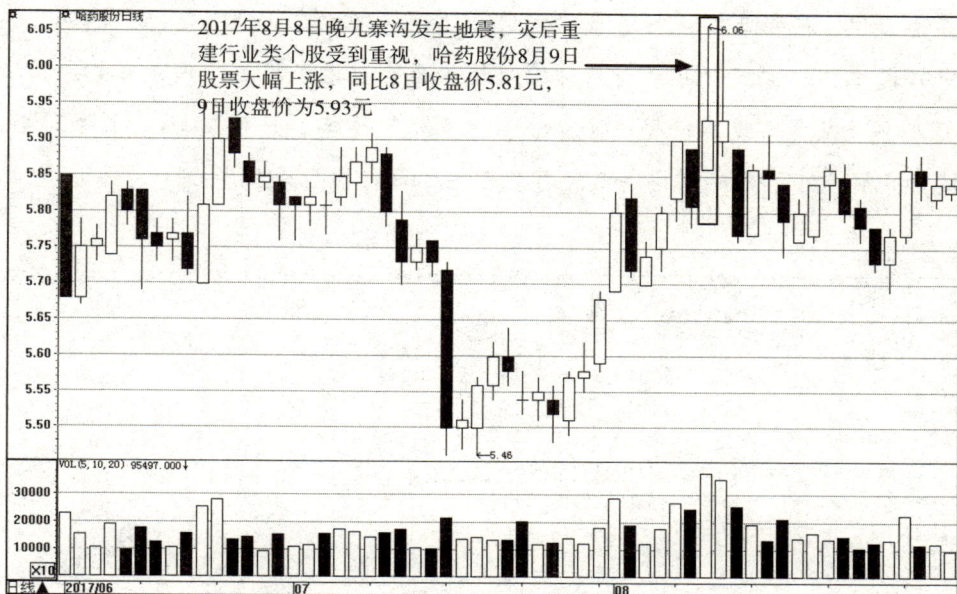

图4-9　2017年6月至8月哈药股份的K线图

2017年7月3日朝鲜最高领导人金正恩签署了导弹试飞的命令，并在7月4日成功发射导弹。朝鲜媒体报道称，此次发射的导弹名为"火星-14"，属于新型洲际弹道导弹，最大飞行高度超过了2500公里，飞行距离达到了近1000公里。

朝鲜导弹事件引起了全世界各国的关注，更使韩、日、美等国深感不安。日本股市发生剧烈震荡，大部分板块迅速下跌，陷入颓势。到7月5日早盘日经指数下跌到近一月中的最低点，下跌了0.7%，跌至19899.69点，东证股价指数也未能幸免，下跌了0.4%，跌至1603.96点。

除了国家的军事动作，企业在国际贸易中的冲突同样会决定该股的走向。

在2018年的4月美国商务部宣布，美国要在之后的7年中，禁止中兴通讯与美国企业之间的业务往来，禁止中兴通讯在美国购买敏感产品。此事件一出，受到了海内外众多人的关注。在随后的几个月中，我国商务部、美国商务部、中兴通讯三方进行了多次沟通、协商。终于在2018年7月达成共识，中兴通讯再一次扬帆起航。虽然中兴通讯最后渡过了难关，但是在4月17日起，中兴股票（股票代码：000063）即开始了停牌。并且在6月13日复牌后股价急转直下，短时间内恐无法再复当年之勇（如图4-10所示）。

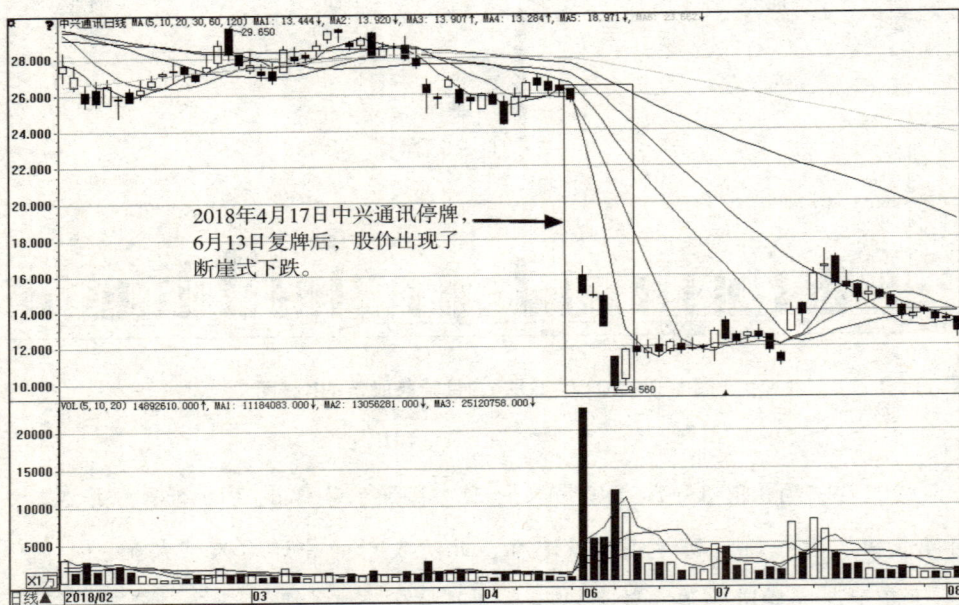

2018年4月17日中兴通讯停牌，6月13日复牌后，股价出现了断崖式下跌。

图4-10　2017年2月至8月中航电子的K线图

从上述案例可见，突发性事件对股市的影响巨大。虽然自然灾害、军事冲突等事件会让人们重视、投资相关板块，但不代表突发事件对个股全都是利好。如发生自然灾害地区的上市公司股票就极易下跌，或者某个行业曝出丑闻、发生意外事故时都有可能使该行业股票整体下跌。

2016年12月7日，巴基斯坦国际航空公司一架由奇特拉尔飞往首都伊斯兰堡的PK—661客机因技术故障坠毁。据调查，飞机上42名乘客和6名工作人员全部遇难，无一生还，是一起十分严重的空难事故。事件一出，各地的航空股票大幅度滑落。

巴基斯坦这次的空难十分严重，使人们对航空行业产生了深深的质疑，也给各地的航空股票带来了巨大的负面影响。中国航空各股也未能免难，中国国航（股票代码：601111）股价暴跌，跌幅最高于12月12日达到了3.68%（如图4-11所示）。

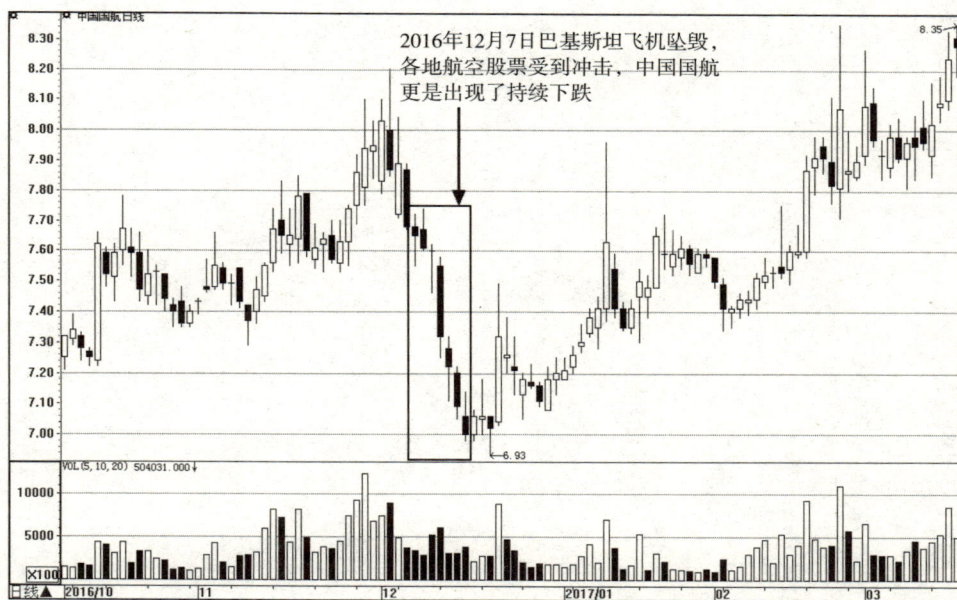

图4-11　2016年10月至2017年3月中国国航的K线图

突发事件对股市影响不一。有的消息可能会使股票暴涨，但有的消息可能使股票暴跌，但通常情况下，暴涨或暴跌都是短时间的，随着时间的推移，这些热点股票终究会回归平稳。所以，新股民朋友如果此时手中的股票价格暴涨要考虑尽快出手，以免其回落；如果手中的股票价格暴跌也不用灰心丧气，因为也许还有转机。

　　突发事件使本来就复杂的股市变得更加变幻莫测，让人难以捉摸。但我们非但不能就此胡乱选择，反而要更加用心于其中。入手一只股票前，要根据时事、相关行业情况等进行通盘考虑。因为有准备的人不一定百分之百成功，但没有准备的人一定会失败。

4.6　盯紧国家税率，投资不再迷茫

　　在股市中选择投资方向还有一个不能忽视的因素——税率。对于一个行业或一家上市公司来说，税率影响着公司的竞争力，更影响了股民投资的倾向，是极为重要的一点。所以当税率发生变化时，在股市中一定会有相应体现。

　　2016年3月18日，国务院常务会议对各行业税率变化做出决定，从2016年5月1日展开营业税改征增值税的试点，也就是我们常听到的"营改增"。此次改动涉及建筑、房地产、金融和生活服务业四大领域，营改增的推行代表我们的税制更加成熟和规范，也促进了很多行业的发展。

　　这次营改增政策对很多行业都产生了巨大的影响，民以食为天，其中饮食业巨头全聚德的股票就很具有代表性。营改增消息传出后，股市立刻给出了回应，全聚德（股票代码：002186）一改之前起伏不定的情况，涨幅明显，并开始了持续的攀升（如图4-12所示）。

　　在各种税中还有一项对股市影响很大的税种，那就是进出口税。进出口税的改变直接影响着相关行业股票的走势，所以新股民朋友们一定不能忽视这个关键信息。

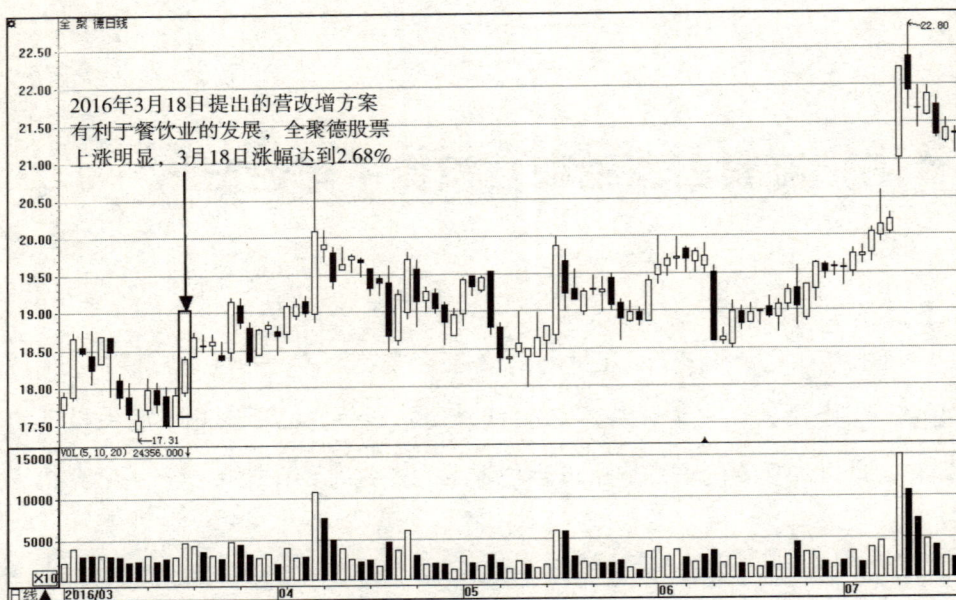

2016年3月18日提出的营改增方案
有利于餐饮业的发展，全聚德股票
上涨明显，3月18日涨幅达到2.68%

图4-12　2016年3月至7月全聚德的K线图

2016年12月24日中国财政部网站发出消息，国务院关税税则委员会已经通过了《2017年关税调整方案》。经过国务院批准后，于2017年1月1日全面实施。

此次调整降低了众多材料、能源、设备的进口关税，如医药行业的红豆杉皮和枝叶、阿卡波糖水合物，高分辨率硬盘式数字电影放映机零件，飞机用液压作动器等先进设备零件，还有一些别国特色食品、文化类产品等，大大推动了相关产业的发展。

在这次进出口关税改动涉及的物品中，人们最关心的莫过于医药材料，更多优质的药品也会带给国人更多的健康。中国医药（股票代码：600056）就是受益公司之一，政策实施后，股价屡创新高，不仅1月3日涨幅明显，1月4日涨幅更是达到了2.59%（如图4-13所示）。

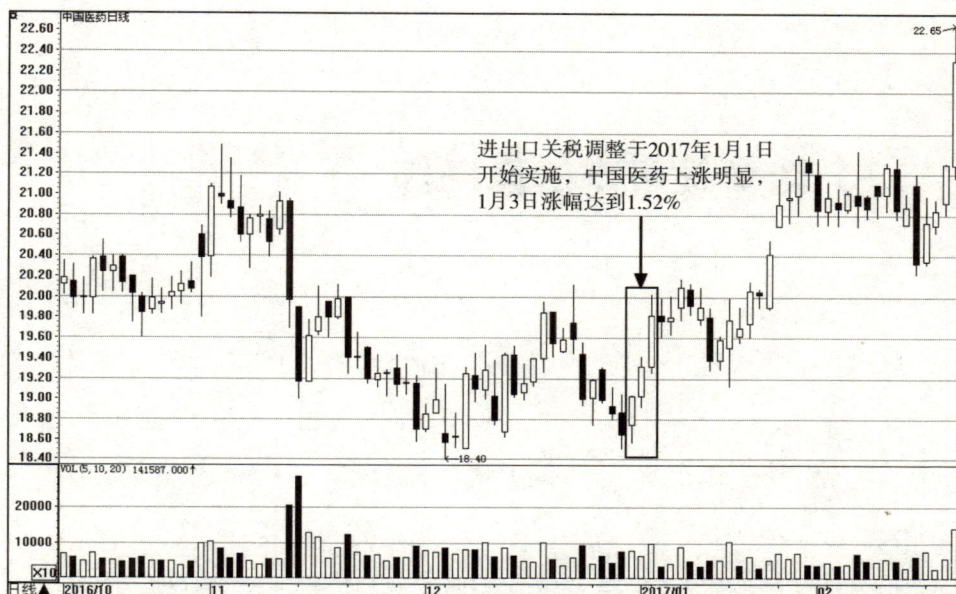

图4-13　2016年10月至2017年2月中国医药的K线图

　　各行业的税率决定着行业的后续发展，也表明了国家的态度，这对股票走势是至关重要的，而各国进出口的关税更是关系到各上市公司的利益、前途。总而言之，国家的税收政策变化是影响股市走向的重要因素，新股民朋友们想要在股市中赚得一桶金，千万不能忽视。

4.7 利率是股市的风向标

随着人们整体经济水平的不断上升，投资理财成了热门话题，理财方式更是多种多样，储蓄、基金、信贷、股票，不一而足。在投资理财中风险和收益往往成正比，现在越来越多的人倾向于高风险高回报的投资理财方式，开始投身股市中。

但各位新股民朋友们一定要知道，股票作为投资理财的一种，同样存在着竞争对手，此长彼消。同类渠道的变化直接影响着人们资金的流向，从而决定股市的情况，而其中影响最大的就是利率。

很多年前，银行储蓄是绝大多数人唯一的理财选择，其非常低的风险是人们信赖的理由。现在人们的财富越来越多，低收益的储蓄方式被很多人放弃。但大家要明白，一旦利率发生一点变化，将有大批资金的走向发生变化，股市也会风起云涌，利率的力量不可小觑。

利率提高，代表着储蓄的性价比提升，将有大量的资金回到银行，人们在股票上的投资变少，股市就会低迷；利率降低，人们会把银行中的钱放到别的投资上，股市中的资金变多，股价自然上涨。

同时，调整利率是重要的货币政策，是国家调控市场的常用方式之一。当市场萎靡不振、发育缓慢时，政府会降低利率，一方面使储蓄的利益变低促进资金流动，另一方面贷款利息变低也鼓励了投资创业，企业的利润增加，也会使相应的股票上涨。而经济发展过快、市场用力过猛时，政府则会提高利率，使资金回笼，企业放慢脚步，以求平稳发展，股票就会出现下跌的情况。这不只是中国的特色调控手段，世界各国都曾通过变化利率的方式调整市场和经济步伐。

所以，利率的变化是股市的风向标。想在股市中大展身手，不仅要关注利率的变化，最好还要能通过市场和经济形势分析出利率可能的走向。这样才能做到人比股市快，先发制人。

大部分的新股民朋友并不从事金融方面的工作，对这方面的知识掌握得也并不全面，又缺乏投资的相关经验，无法迅速判断出利率的走向。建议大家通过市场、经济方面的新闻掌握宏观经济形势，以此来推测利率下一步的变化，从而决定自己的投资方向。

特别提醒新股民朋友们，不要因为调整利率调控市场需要很长一段时间才能见效就放松警惕。市场虽然需要时间，但影响股票却是非常迅速的，往往消息一出，当天或次日就会反映到股市上。

2017年1月24日下午，央行官方微博发布，为维护银行体系流动性基本稳定，结合近期MLF到期情况，人民银行对22家金融机构开展MLF操作共2455亿元，其中6个月1385亿元、1年期1070亿元，中标利率分别为2.95%、3.1%，较上期上升10个基点。

央行这一变相加息的举动引起了市场的忧虑，股票市场受到影响，当日创业板指和中小板指等全线飘绿（如图4-14、图4-15所示）。

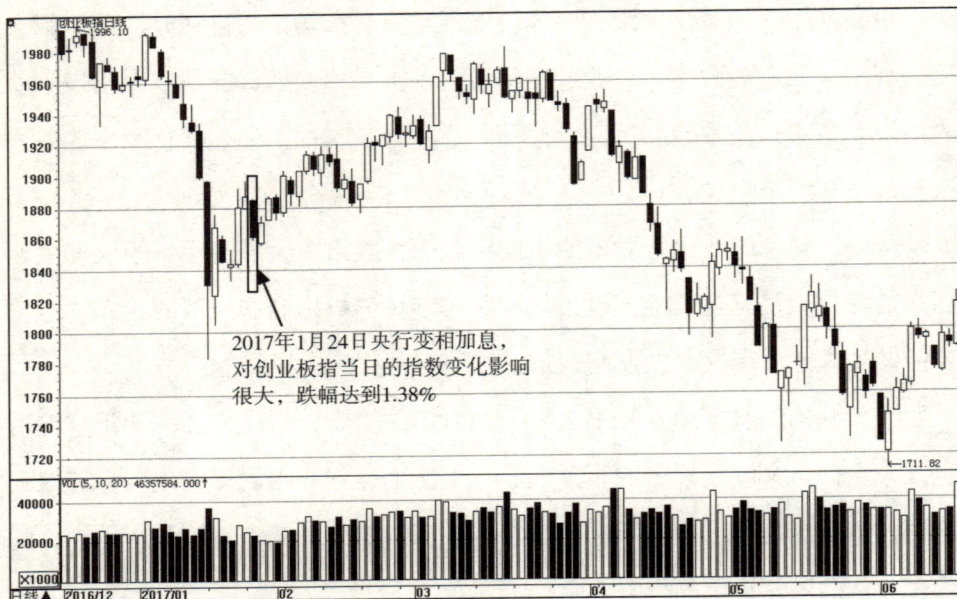

图4-14 2016年12月至2017年6月创业板指的K线图

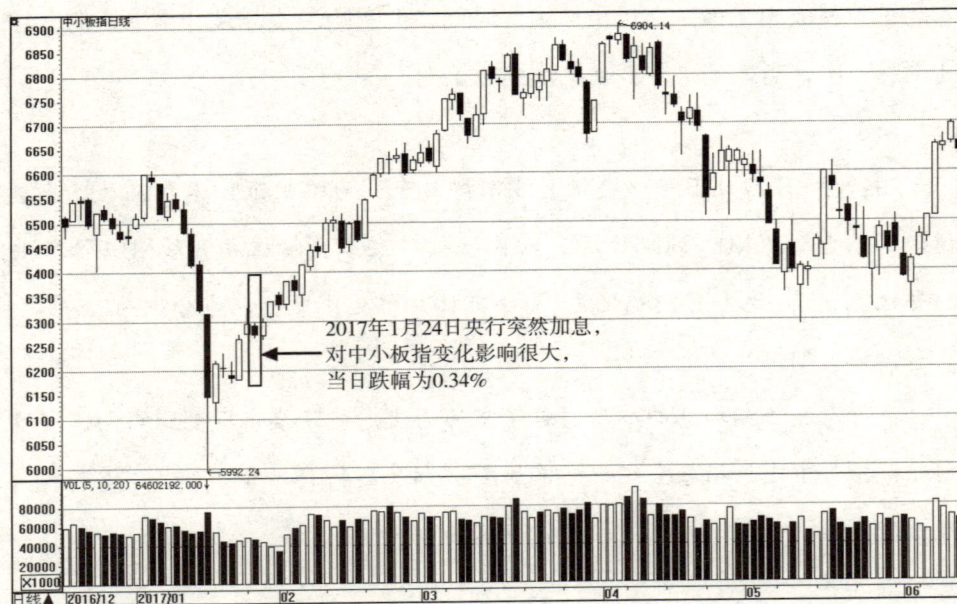

图4-15 2016年12月至2017年6月中小板指的K线图

　　由此可见，不只是创业板指和中小板指受到影响，加息决定了人们资金的流向，对整个股市都有巨大影响。创业板指当日暴跌，中小板指本来的上涨形势也骤然停止，开始下跌。

　　调整利率对股市的影响时间长短不一，所以掌握利率变化才能可进可退。当然，利率对股市的影响虽然大，但股民朋友们还要结合其他因素进行全盘考虑，才能判断出股市的后续走向。

4.8 了解通胀通缩，方能精准投资

通货膨胀率直接体现了经济发展的情况，既然能够影响经济走势，那肯定是每个股民必须了解的信息。

通货膨胀就是在信用货币制度下，市场上流通的货币数量超过经济实际需要，引起货币贬值和物价的上涨；通货紧缩正好相反，是指市场上流通的货币变少，人们的购买力变低，导致物价下跌。

高的通货膨胀下，货币贬值，导致公司运行成本变高，难以维系，上市公司的股票自然下跌。但通货膨胀对股市的影响不全是负面的，温和的通货膨胀反而是股市的润滑剂。货币稍微贬值，投资者为了规避风险会有大量的资金涌入股市，推动公司发展，从而使股票上涨。而通货紧缩代表着经济的衰落，对股市肯定是利空的。

通货膨胀对股市造成何种影响是分阶段的，新股民朋友们要学会通过了解通货膨胀的程度来决定自己的投资方向。

上海证券报发布的《2017中国经济十大预测》预计我国GDP增长6.5%左右，广义货币供应量（M2）增长12.0%。如果预测准确，根据计算公式可得出，2017年的通胀率约为5.5%。

5.5%的通胀率属于温和通货膨胀，人们为了跑赢通胀纷纷把资金投入股市，2017上半年股市总体上涨（如图4-16、图4-17所示）。

温和的通货膨胀对整个市场都有推进作用，股市中则表现得更加明显。2017年1月至4月上证指数持续上涨，4月11日是这四个月的最高峰，收盘指数达到3288.97。

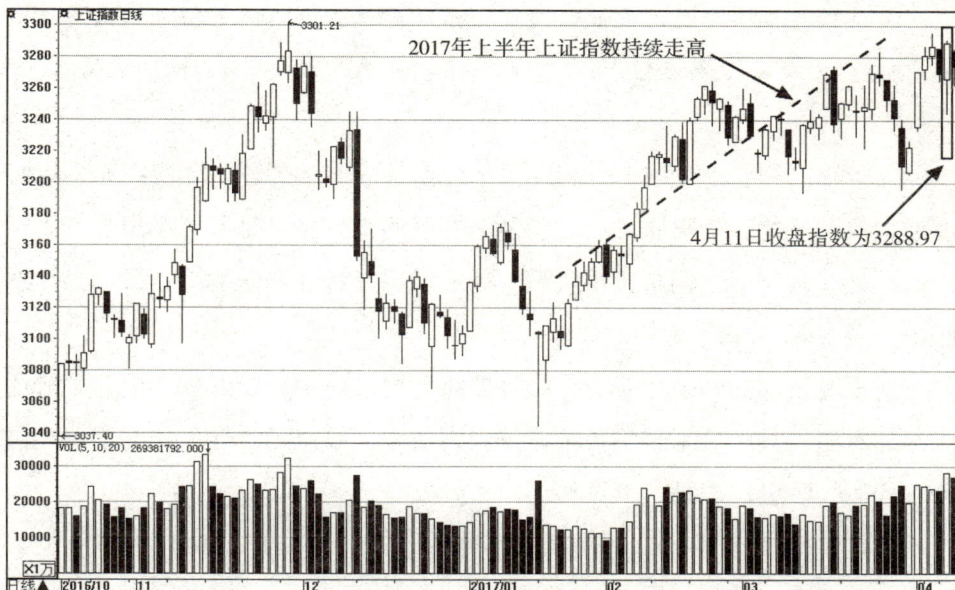

图4-16　2016年10月至2017年4月上证指数的K线图

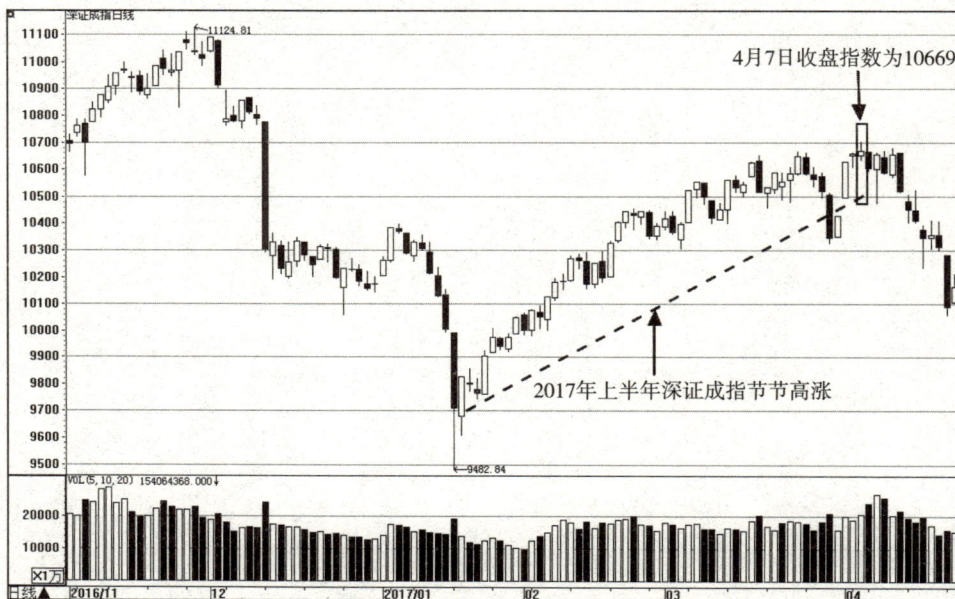

图4-17　2016年11月至2017年4月深证成指的K线图

整个股票市场都因为良性的通货膨胀有所上涨，深证成指自然也不甘示弱。2017年上半年发展迅猛，4月7日的收盘指数也成为四个月以来的最高点。

通货膨胀和经济发展，二者关系十分微妙。温和的通货膨胀有利于经济发展，但严重的通货膨胀又会遏制经济发展的脚步。这时就体现出了宏观调控的好处，政府通过调整货币政策，既能保持经济的快速发展，又不会让通胀率上升太多。

新股民朋友们如果在通货膨胀时期想要投资，一定要通盘考虑，了解通胀率的数值，关注接下来的政策调整，判断未来股市的走向，才能准确把握入手和清仓时机，在股市中获利。

第5章 05 掌握技术指标

在日常的股市操作中，最实用的就是技术指标分析了，而这也是现在众多所谓的"股神"最爱讲解的。技术分析其实并不复杂，新股民朋友们只要掌握了这些技术指标，就能做到临阵不慌；如果能做到活学活用，那么恭喜你，你已经是一名股坛高手了。

5.1　K线详图解析

　　K线图起源于日本德川幕府时期，当时日本的商人用它来记录米市的行情，后来K线图因准确细致被应用到股市中，也被称为"蜡烛图"或"阴阳线图"。可以说K线图在股市中是最常用到的图，新股民朋友们一定要尽快熟悉了解它，才能掌握股市动向，从而抓住投资时机。

　　我们最常关注的股票最高价、最低价、开盘价和收盘价在K线图中一目了然，十分方便。阳线和阴线表明开盘价和收盘价的对比。矩形上面的上影线最高点即为最高价，下影线最低点为最低价。在常用的股票软件中，统一用红色表示阳线，用绿色表示阴线（如图5-1、图5-2所示）。

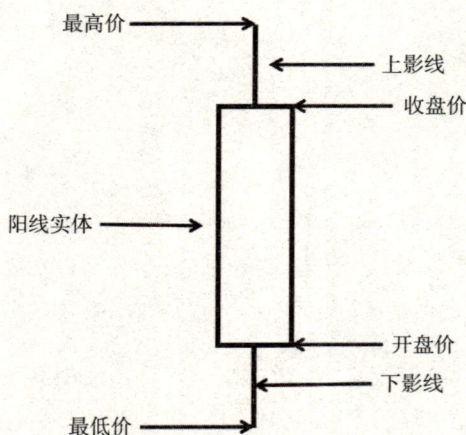

图5-1　阳线示意图

最高价

上影线

开盘价

阴线实体

收盘价

下影线

最低价

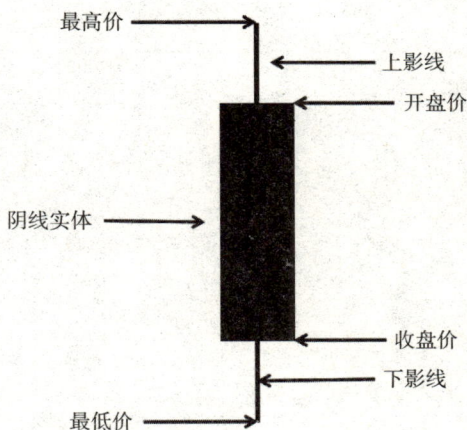

图5-2　阴线示意图

各种K线图都有不同的含义，新股民朋友们一定要了解其表达的信息，才能清楚股票的走势，常见的特殊K线图有以下几种（如图5-3、表5-1所示）。

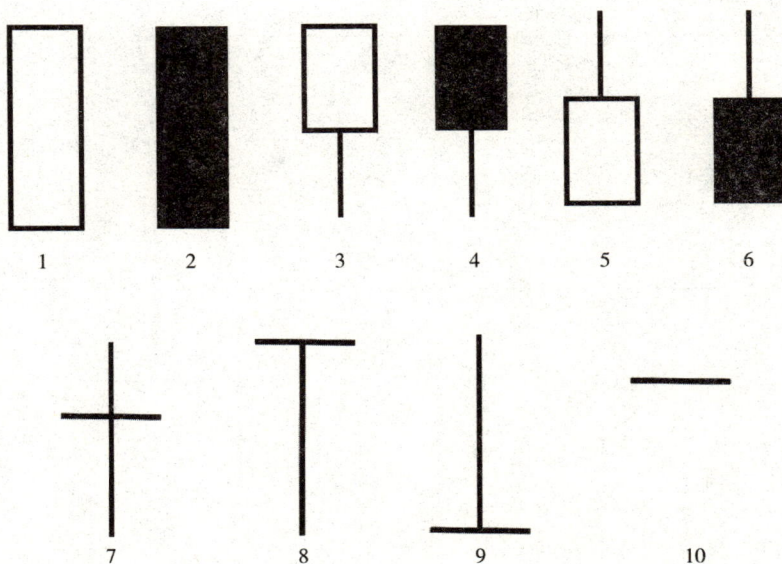

1　　2　　3　　4　　5　　6

7　　8　　9　　10

图5-3　常见的特殊K线图

表5-1 特殊K线意义解读

序列	特殊图形名称	意义解读
1	全秃大阳线	全秃大阳线就是上下均没有影线的大阳线，代表最高价和收盘价相同，最低价和开盘价相同。此图形表示买方极为强势，上涨形势迅猛
2	全秃大阴线	全秃大阴线就是上下均没有影线的大阴线，代表最高价就是开盘价，收盘价为最低价。此图形表示卖方极为强势，股票持续下跌
3	光头阳线	光头阳线就是只有下影线而没有上影线的阳线，代表收盘价为最高价，有很强的涨势，空家发动攻势
4	光头阴线	光头阴线就是只有下影线而没有上影线的阴线，代表下跌形势较强，多方开始发力
5	光脚阳线	光脚阳线就是只有上影线而没有下影线的阳线，代表开盘价为最低价，先上涨后跌落，投资需仔细考虑
6	光脚阴线	光脚阴线就是只有上影线而没有下影线的阴线，代表以最低价收盘，小幅上涨后大幅回落，呈下跌趋势
7	十字线	十字线一般视为转折的信号，但不能明确反映形势，建议同其他信息一起参考
8	T字线	T字线也被称为风筝线。代表收盘价和开盘价相等，先下跌后上涨
9	倒T字线	倒T字线也被称为灵位线和墓碑线。先大幅上涨然后大幅跌落，最终的收盘价与最低价的开盘价相等
10	一字线	一字线不是常见的图形，代表股票开盘直至收盘价格没有变化。一般出现在开盘即涨停或跌停，以及没有交易的股票上

5.2 量价关系

量价关系顾名思义，就是指成交量和价格之间的各种联系。能够影响股市走向的因素众多，但量价才是最根本的原因。二者相互影响，互为因果。

在量价关系中，价涨量增和价跌量减是最被人们熟知的，这两种关系是市场基础的规律。股价的上升会引起人们的追逐，投资者纷纷买入，加大了成交量；而股价的下跌就会让人们望而却步，成交量减少。

其实在变化万千的股市中，量和价之间还有很多种关系。如果能了解隐藏在这些关系背后的信息，就能掌握股票下一步的走向，轻松获利。

下面总结并简单分析一下股市中的九种量价关系。

1. 价涨量增

价格的上涨使得成交量也相应增加。出现这种情况，表示股票处于上升时期，人们纷纷高价追逐，换手越来越频繁，股票会一路走高。所以当新股民朋友们发现这种情况时就可以考虑投资，短期内就可能收获颇丰。

2. 价涨量减

价格的上涨非但没有使成交量增多反而还在减少。这样的情况是十分危险的，虽然价格在上涨但并不被人们看好。没有后续资金的注入，就像水中浮萍漂浮不定，涨势不一定长久。新股民朋友在这种情况下投资一定要谨慎，因为风险和机遇并存。

3. 价涨量平

价格在上升但成交量并没有明显的起伏。出现这种情况可能是流通的股票较少，无人抛售；也有可能是基于各种信息，大家对这只股票并不看好。

虽然股票在上涨但不一定持久，如果新股民朋友们想要入手还需持续观察和分析，如果该股在一段时间后还能保持涨势，再考虑投资比较稳妥。

4. 价稳量增

价格没有明显的变化而成交量变多。新股民朋友们要注意，出现这种情况很有可能是投资的大好机会。虽然股价没有明显上涨，但成交量突然变多，证明人们对其前景看好，越来越多的成交量很有可能使股价持续上升。但任何事情都有两面性，如果这种情况发生在一段涨势的后期，则有可能是主力开始大量抛售，股价可能会跌落。

5. 价稳量减

价格平稳但交易量变少。在这种情况下不建议新股民朋友投资，越来越少的交易量证明人们不看好这只股票。虽然此时价格尚且平稳，但短时间内很难有大的起色。

6. 价稳量平

价格和成交量都很稳定，没有大的起伏。多方和空方势均力敌，没有明显的强弱，这种情况不建议新股民朋友们投资。因为股票走势不明，难以判断平衡何时会被打破、会往哪一面倾斜，此时投资风险较大。

7. 价跌量增

价格跌落导致成交量迅速增多。这种情况让很多股市高手都谈股色变，这种股票不被众人看好，投资者纷纷抛售。价格和成交量相互影响，因为股价下跌导致抛售，越来越多的抛售加剧了股价的下跌，形成恶性循环。新股民朋友们遇到这种情况一定要谨慎小心，避免财产受到损失。

8. 价跌量减

价格发生跌落，成交量也越来越少。出现这种情况，新股民朋友们首先要了解该股票处于什么阶段。如果股价之前刚处于上涨阶段，那有所起伏是正常的，后期可能会继续上涨，可以考虑投资。如果股价持续走低，成交量的减少可能是因为人们已经抛售一空，那么价格下跌有可能还会持续，不建议投资。

9. 价跌量平

价格开始跌落，但成交量并未受到影响。这种情况并不多见，人们并没有因为股价的下跌而失去信心，而是继续持股。成交量的稳定可能会止住股票的颓势，价格回涨；也有可能因为价格的持续下跌造成恐慌，引起大量的抛售，股价由此一泻千里。

相信新股民朋友们了解了量价关系后，投资时会更加精准。在遇到各种情况时能够从容不迫，轻松发现投资良机，敏锐察觉股市风险，在以后的炒股生涯中越战越勇。

5.3 移动平均线

移动平均线就是用线条来表现反映股市走向的K线图，平均线简洁明了，让人一目了然，对分析股市走向有很大的帮助，深受广大股民朋友的喜爱。移动平均线通常以5日、10日、20日、30日、60日、120日作为时间跨度进行分析。在各股票软件中，各条平均线默认的颜色分别是：白色代表5日均线，黄色代表10日均线，紫色代表20日均线，绿色代表30日均线。

移动平均线的算法十分简单，把连续5天的收盘价相加再除以5得出的平均值就是5日均线；10日均线就是连续10天的收盘平均价，以此类推。其中，大部分股民最常使用的是5日均线和10日均线，根据这两条均线就可以分析出股票短期的走势，这也是新股民朋友们需要重点学习和关注的。

平安银行（股票代码：000001）在2017年5月初经历持续下跌后，终于在5月10日止住颓势，上涨幅度打破5日均线。这一信息使广大股民振奋，股民纷纷入手，成交量由5月9日的324194手达到5月12日的917968手，股价迅速走高。

但股市自有其规律，经过暴涨之后平安银行股票于5月15日有所回落。出现这种情况，很多新股民朋友都会选择清仓抛售，但能看懂移动平均线的股民就会发现，虽然股价有所下跌但仍然远高于5日均线，该股还有上升潜力。

终于，平安银行股票在经历了一段小低谷后重整旗鼓，于5月23日再次突破5日均线，股价开始上涨。在此之后平安银行气势如虹，股价从5月15日的8.86元到5月31日已经上涨到9.20元。股价在这为期近一个月的跌宕起伏中充分证明了笑到最后的人才是真正的胜利者。相信在这一系列博弈中，善于分析移动平均线的朋友们收获颇丰（如图5-4所示）。

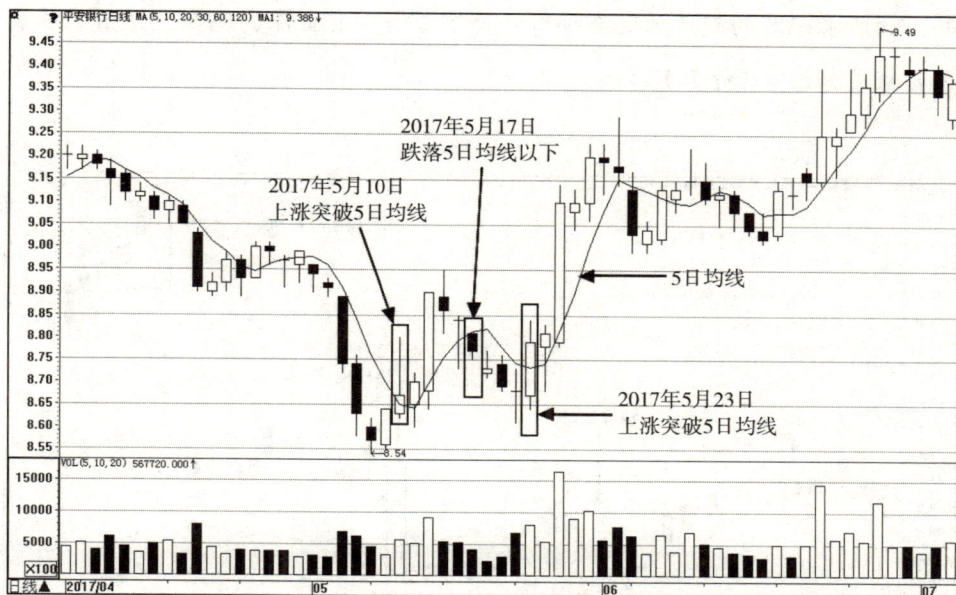

图5-4　2017年4月至7月平安银行的K线图

5日均线、10日均线被人们称为短期均线，而30日均线、60日均线被人们称为中期均线。短期均线反应迅速，能让人提早发现机会，但也经常因其"目光短浅"被人诟病。不同于短期均线，中期均线虽然反应较迟钝，但具有颇高的稳定性，经常被众多股民关注和研究。

股价想在30日和60日这样时间跨度较长的平均线中脱颖而出是十分困难的，这说明如果股价在这种情况下还能上涨突破30日均线或60日均线，股票的冲劲将非常凶猛，涨势相对稳定可靠。但也因为中期均线的后知后觉，等到人们发现它在缓缓变化时已经过了投资的最好时机，所以新股民朋友们一定要认真关注，谨慎分析。

万科A（股票代码：000002）2017年5月25日迎来了一次巨幅上涨，交易量更是前一个交易日的近5倍，一举突破了30日均线，后市虽有起伏但还有上涨趋势，更是在6月22日迎来了一波新的高潮。终于在6月26日到达了顶峰，这时有经验的股民们就会知道股价不可能一直上涨，现在就是出售的最佳时机（如图5-5所示）。

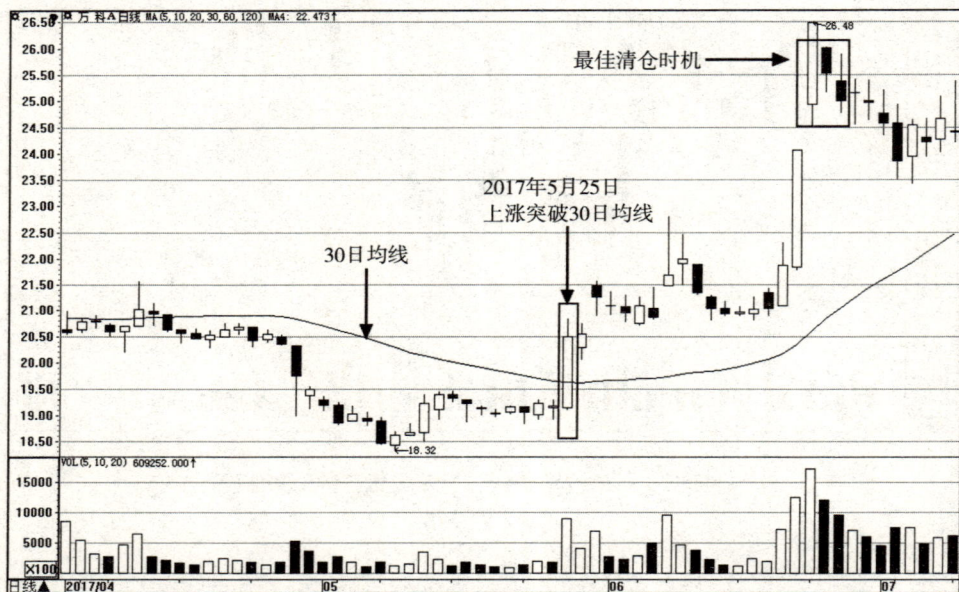

图5-5　2017年4月至7月万科A的K线图

在上述案例中我们会发现，股票一天的暴涨很难在中期均线中掀起浪花，如果只关注30日均线的话，在有明显起伏时已经到了股票上涨的第二阶段。虽然涨势准确、稳定，但也很有可能使新股民朋友们错过投资的最佳时机。

长期均线指的就是120日均线了。在120日均线中，我们可以宏观地分析股票的潜力和走势，它更加稳定，也代表着反应速度更慢。但不可否认的是，股价一旦突破120日均线，其积累一定非常雄厚，涨势不一定迅速但韧性十足。

中原高速（股票代码：600020）从2016年9月开始积蓄力量，终于在2016年10月13日一举爆发，突破了120日均线。此后虽略有起伏但涨势不改，一直到12月依旧保持着整体的上涨走势。如果新股民朋友们关注该股的120日均线，相信一定会发现这次投资机会，从中获利（如图5-6所示）。

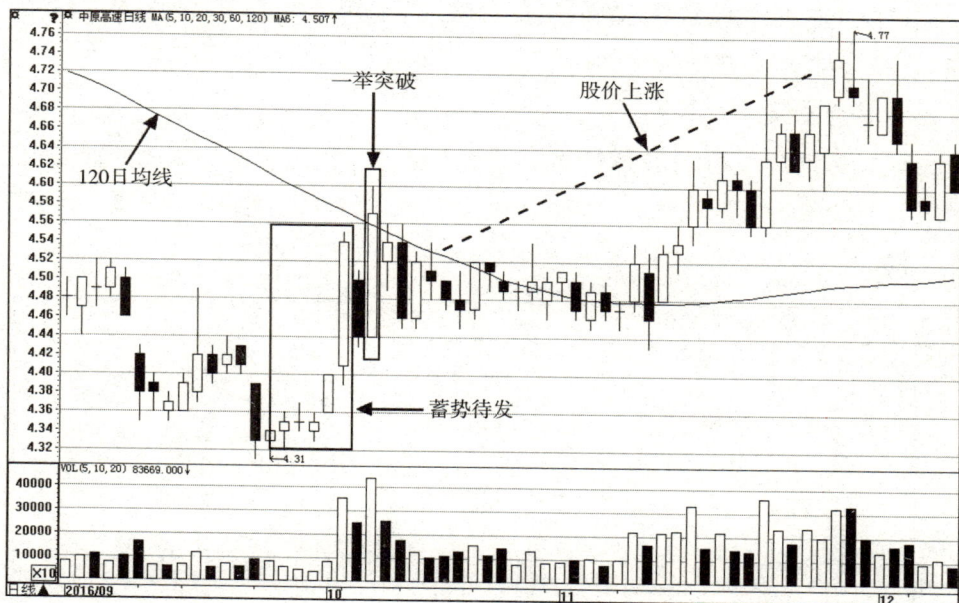

图5-6　2016年9月至12月中原高速的K线图

无论是短期均线、中期均线还是长期均线都有自身的优势和不足，想要更全面、更准确地了解股市情况，对三种均线都要关注并分析。不谋全局者不足以谋一域，新股民朋友们即使想进行短线投资，也需要综观全局，才能精准投资，减少风险。

5.4 MACD指标

MACD指标就是指数平滑移动平均线，它由长短期均线、多空方能量柱和0轴三个部分组成。由于在判断中长期股市走势时非常准确，MACD指标深受广大股民信赖，也成了每个新股民朋友的必修课。

MACD指标简单易懂，新股民朋友们只要掌握常用的术语和其代表的信息就会对分析股市有很大帮助。

1. 黄金交叉

代表短期均线的DIFF指标线由下而上穿过了代表长期均线的DEA指标线，这种交叉的情况被称为"黄金交叉"。从名字中就能看出，这是一个股价上涨的信号（如图5-7所示）。

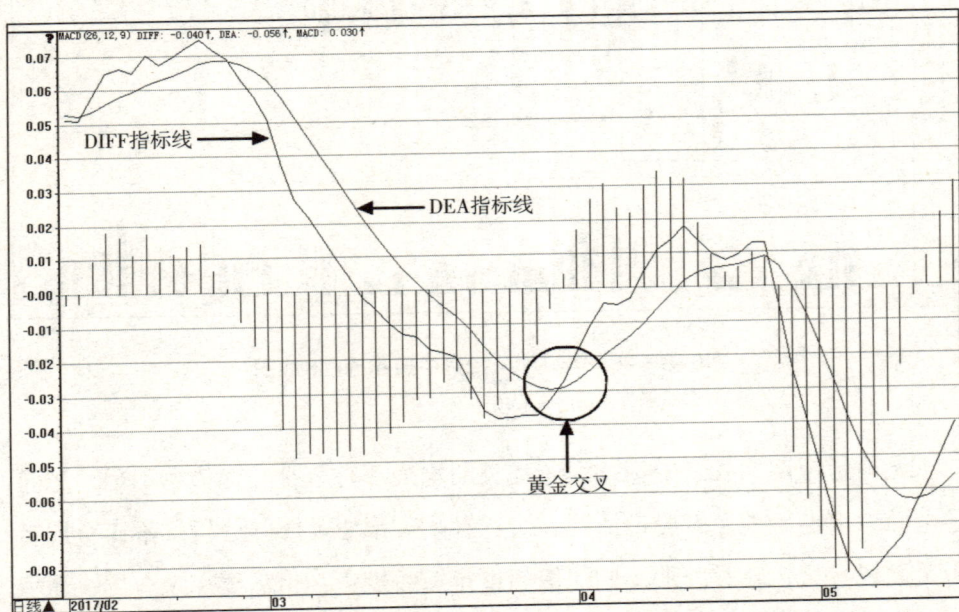

图5-7　黄金交叉示意图

黄金交叉有两种情况。当两条均线在0轴以上发生交叉时，证明在一段时间内此股走势始终良好，这次上涨相对稳定。反之，如果两条均线在0轴以下发生交叉，证明此股之前经历了持续下跌，虽然这次上涨但后市情况不好预估，建议短线投资。

2. 死亡交叉

代表短期均线的DIFF指标线从上而下穿过了代表长期均线的DEA指标线，这种交叉的情况被称为"死亡交叉"。与黄金交叉正好相反，死亡交叉是股票下跌的信号（如图5-8所示）。

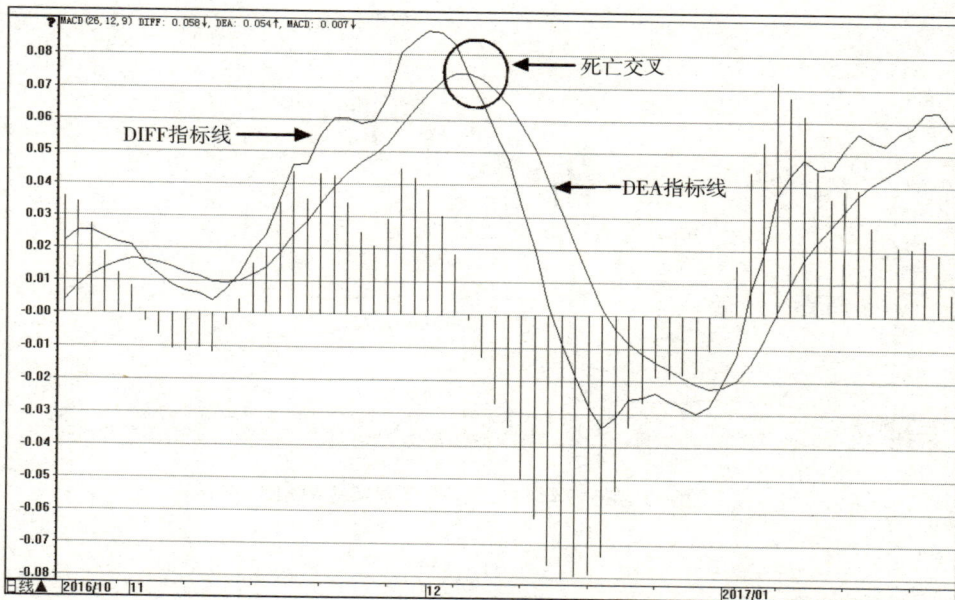

图5-8　死亡交叉示意图

和黄金交叉相同，死亡交叉也分为两种情况。如果两条均线在0轴以下发生死亡交叉，代表此股之前经过了持续的下跌，虽然有所回升但新一轮的下跌已经开始。相反，如果两条均线在0轴以上发生死亡交叉，代表此股之前气势如虹，虽略有下跌但不排除有卷土重来的可能。

3. 顶背离

顶背离是指股价形成一个个高点，但DIFF指标线与DEA指标线形成的交叉却正好相反，交叉顶部一次比一次低。这种现象预示股价即将出现反转行情，下跌幅度也较大。股民朋友在第一次顶背离形成时便可以进行减仓或卖出持股，若出现连续的顶背离，一定要果断离场（如图5-9所示）。

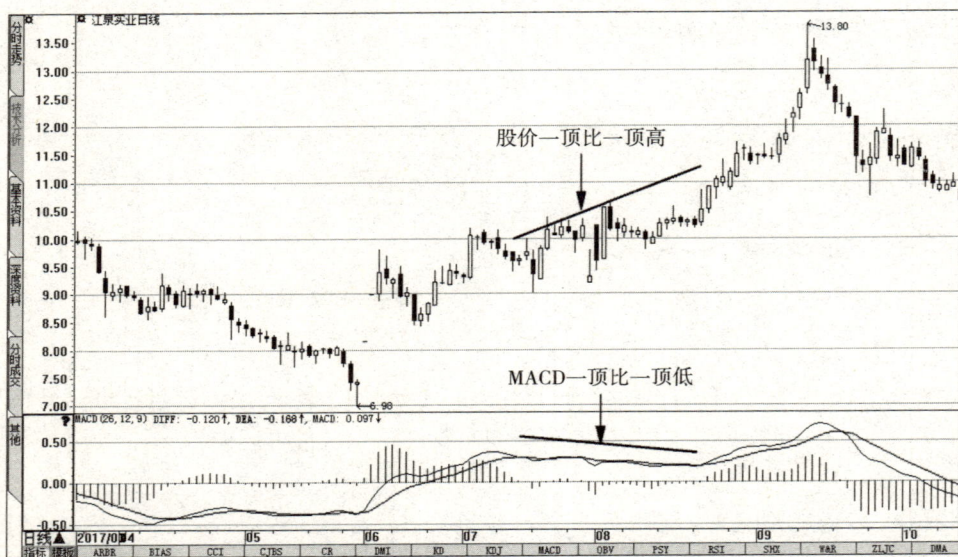

图5-9 2017年4月至12月江泉实业K线图

4. 底背离

股价在近期出现两至三个低点，但DIFF指标线与DEA指标线形成的金叉并不随之形成新的低点。出现这种现象表示空方力量已经变得十分弱，股价将会向下形成新的低点，通常是空头陷阱。股民朋友可以在此时介入该股，进行中短线投资，能够快速获利（如图5-10所示）。

图5-10　2017年2月至7月ST昌鱼K线图

　　MACD指标作为分析中长期走势的中流砥柱，在短期价格分析中并不具有很高的权威性，新股民朋友们要取其精华，在任何情况下都不能只依靠一种指标就做出判断。

5.5 KDJ指标

KDJ指标又称为随机指标，由乔治·莱恩创立，是一种比较新颖的分析工具。KDJ指标适用范围广，最早被用于期货市场，后来才被人们运用到股票、基金、电子现货领域。

KDJ指标是通过最高价、最低价以及收盘价作为数据依据进行分析计算的指标，由K线、D线和J线组成。不同于MACD指标，KDJ以反应迅速闻名，普遍被人们用于短期和中期的走向分析。

应用于股市中，KDJ指标分析出的超买、超卖结论十分精准，并且对买卖时机的嗅觉也非常敏锐，深受广大股民喜爱。所以，新股民朋友们如果能够了解并熟练使用KDJ指标，无疑会给自己实现在股市中赚钱的目标再添加几分把握。下面我们就通过表5-2简单了解一下KDJ指标。

表5-2　KDJ各指标的含义

KDJ各指标	K值		D值		J值	
取值范围	数值在90以上	数值在10以下	数值在80以上	数值在20以下	数值在100以上	数值在10以下
推荐结果	超买	超卖	超买	超卖	超买	超卖

当然，股市中没有万能的指标，KDJ指标也一样。KDJ由于变化过快，在分析长期走势时大多不尽如人意，并且K线与D线的数值如果在70和30之

间，则不能推断出准确的结论。了解KDJ指标的优缺点，在对的时机选择对的指标，才能做出最好的投资选择。

新股民朋友们不仅要认识KDJ指标，还要了解其中的交易技巧。

（1）K线向上穿过D线形成黄金交叉，代表上涨，是买入的信号。

（2）K线向下穿过D线形成死亡交叉，代表下跌，是卖出的信号。

（3）在数值低的区域连续两次黄金交叉，上涨的趋势十分明显，建议入手。

（4）在数值高的区域连续两次死亡交叉，证明下跌趋势已经确定，建议尽早卖出。

（5）KD线在数值中间区域，无论进行怎样的变化，交叉都不能作为参考数据。

（6）KDJ指标对于小股盘并没有太大的参考价值。

KDJ指标中还有一种很奇怪的现象，一向以反应迅速著称的它却经常在股价上涨或下跌一段时间后变得迟钝，人们把这种情况称为钝化。

但新股民朋友们不要因为这一缺陷而放弃对KDJ的使用。早有股坛高手对这一钝化现象进行反推，反而把缺点变成了KDJ指标的另一个特点。

钝化分为两种，一种是高位钝化。KDJ指标在差不多80上下的区域多次进行"黄金交叉—死亡交叉—黄金交叉"这样的转换，并向横向发展，这种情况看似纠结混乱，但很有可能形成上涨形势。

中国国贸（股票代码：600007）个股之前刚经历了持续的下跌，收盘价最低已经到了16.64元，本该士气低落。但在2017年1月KDJ指标线形成了高位钝化，股价开始振奋，一路走高（如图5-11所示）。

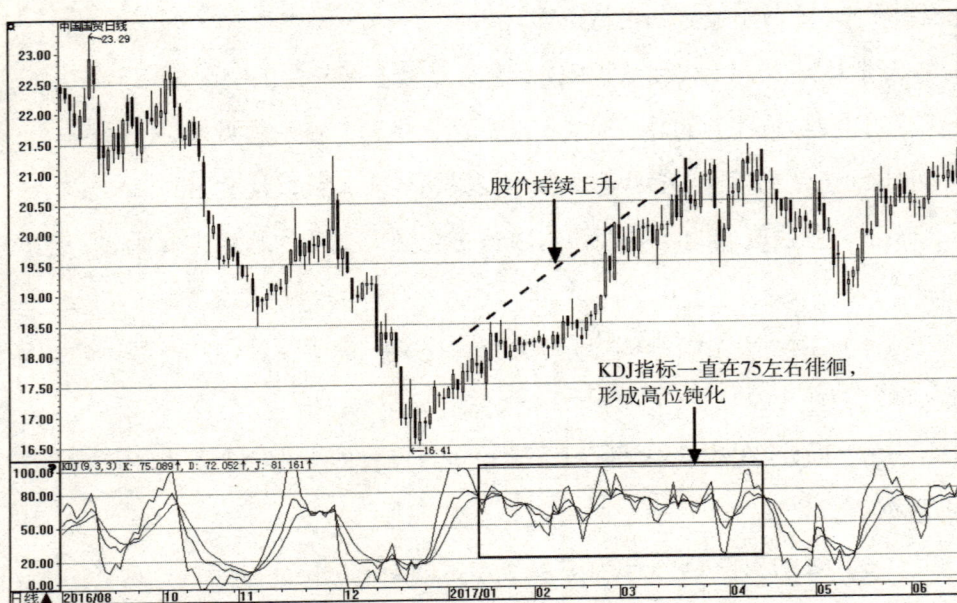

图5-11　2016年8月至2017年6月中国国贸的K线图

与高位钝化相对应的是低位钝化。KDJ指标在差不多20上下的区域进行多次的"死亡交叉—黄金交叉—死亡交叉"的转换，并且横向发展。出现低位钝化，看似价位低并且稳定，实则暗涛汹涌，随时有下跌的可能。

保利地产（股票代码：600048）本就有下跌的趋势，这时KDJ指标线又形成了低位钝化，股价的下跌更是不可阻挡，2017年1月12日的收盘价仅有9.05元（如图5-12所示）。

图5-12　2016年10月至2017年4月保利地产K线图

　　KDJ指标作为一个久负盛名的分析指标，自然博大精深。新股民朋友们一定要仔细观察研究，才能真正有效利用KDJ指标，发现股价走势。我们可以把MACD指标与KDJ指标结合分析，MACD擅长中长期的分析，KDJ善于判断短期的走势，二者相辅相成。新股民朋友们如果能取长补短，定能在股市中找到赚钱的机会。

5.6　RSI指标

RSI指标是美国著名分析师威尔斯·威尔德于1978年创立的，威尔斯·威尔德最初把RSI指标用于期货市场，后来逐渐被人们用到股市分析中。RSI指标是通过上涨点数和涨跌点数作为数据依据对市场进行分析、判断的一种指标，也被称为强弱指标。RSI指标因为在分析中长期股票的走势方面有其独特性，所以被广大股民信赖并使用。

RSI指标上手简单，是非常适合新股民朋友们学习的。RSI指标把股市的跌涨价格都计算在0到100的数值当中。在大部分时间中，股票都处于30至70之间，当RSI大于70时代表股票进入了超买区，而RSI小于30时则代表进入了超卖区。

通常情况下，当RSI进入超买区时是卖出的信号，当RSI进入超卖区时则是买入的信号。因为股市自有其自身的韧性和规律，突然出现的超买超卖情况一般不能持久，会随着时间慢慢趋于正常。所以，在股价高涨时卖出，在走低时买入，常常会让我们收获颇丰或者避免损失，这一点对于新股民朋友们尤为重要。

RSI指标以其非常快的上手度和很高的准确性在众多指标中脱颖而出，俘虏了大量新股民朋友们的心。但RSI指标和很多指标一样，也有其自身的缺陷，下面总结几点使用RSI指标时的注意事项。

（1）在股价直线上升或下跌时，RSI指标会出现钝化现象，容易造成过早买入或卖出的情况。

（2）由于RSI指标主要是对买卖时机做出判断，因此在大势分析上略显疲软。

（3）RSI指标在股价进入超买、超卖区时并没有准确的买卖时间，在卖出后股价可能会继续上涨，在买入后股价可能会继续下跌。

（4）RSI指标在数值处于常态情况时，分析的能力并不突出。

（5）RSI指标对于背离现象反应迟缓，容易使人们丧失良机。

（6）RSI指标在股市处于大牛市或大熊市时容易出现判断错误。

美的集团（股票代码：000333）于2017年3月至2017年7月间，形势大好，虽有过几次小的回落，但总体呈上涨状态。RSI指标也水涨船高，数值持续攀升，但在这段股价上涨的后期，RSI指标显现出了自身的缺陷（如图5-13所示）。

图5-13　2016年9月至2017年8月美的集团的K线图

案例中的美的集团十分具有代表性，如果新股民朋友们盲目信赖RSI指标给出的判断，那么就会在6月6日将股票卖出。但是后续美的集团股票并没有立即下跌，涨势依旧持续了20天，让信任RSI指标的股民朋友们损失了一次赚更多钱的机会。

RSI指标就是这样一个优点明显、缺点也同样明显的分析工具，让人又爱又恨。所以，新股民朋友们在使用RSI指标时一定同时要进行通盘考虑，结合其他指标，方能保证判断准确。

5.7 CCI指标

CCI指标又称为顺势指标，由美国分析师唐纳德·蓝伯特提出。和其他指标不同的是，CCI指标没有数值界限，因此不会出现钝化现象。CCI指标凭借这一特点在众多分析指标中脱颖而出，占据了一席之地。

在股市的日常交易中，新股民朋友们由于经验较少，对股市规律掌握不足，经常只依赖计算分析指标进行投资。可一旦股票出现暴涨或暴跌的情况，众多超买超卖指标就会出现钝化现象，导致新股民朋友们错失良机，甚至损失惨重。这时就能体现出CCI指标的优势了，由于CCI指标上下均没有界限，无论股价变化多么突然、涨跌幅多么巨大，CCI指标依然能保持清醒，游刃有余。

为了方便学习和使用，下面给新股民朋友们介绍一下CCI指标的使用细节和特点。

（1）如果股价平稳，没有太大起伏，CCI指标在+100至−100之间时，此指标并不能给股民们带来很好的趋势分析。

（2）当CCI指标突破正常范围，上升到+100以上时，代表CCI指标给人们亮起了买入的信号，股价可能大幅上涨，建议投资入手。

（3）当CCI指标跌破正常范围，跌落到−100以下时，代表CCI指标给人们发出了危险的信号，股价可能会大幅下跌，建议卖出。

（4）当CCI指标上升到+100后转势向下并重新回到正常区间时，代表股价可能要由盛转衰，建议在高价时卖出，规避风险。

黄山旅游（股票代码：600054）的K线图非常好地体现出了CCI指标的敏锐程度。在2017年3月14日之前的一段时间内，股价持续攀升，CCI指标也紧跟其后数值达到+100以上。但3月14日CCI指标急转直下，这就预示着黄山旅游股价这一段时间的上涨阶段已经停止，与此同时，股价在3月14日跌幅达到2.66%，并开始了连续数日的股价下跌（如图5-14所示）。

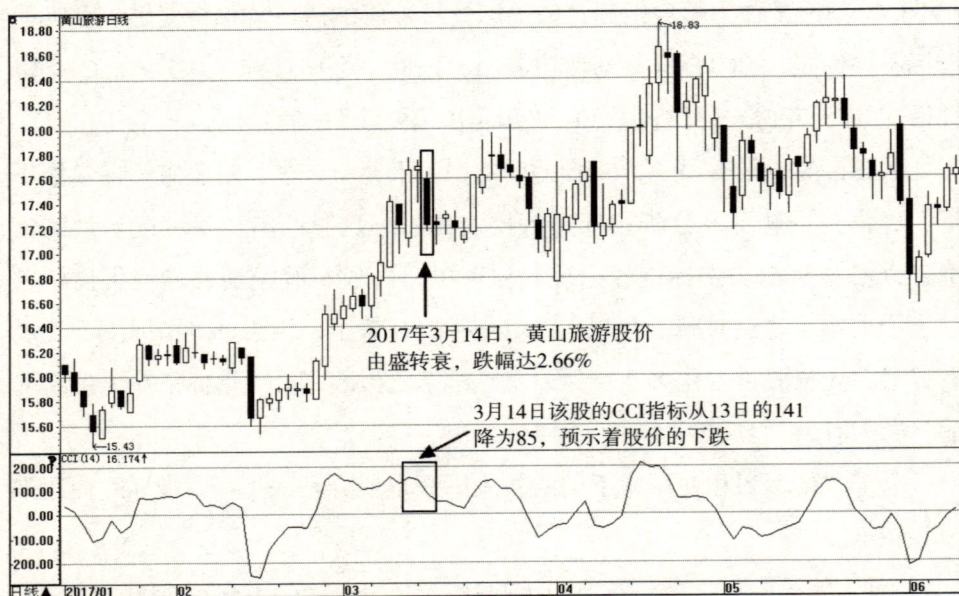

图5-14　2017年1月至6月黄山旅游的K线图

（5）当CCI指标下跌至-100后有所回升并重新回到正常区间时，代表股票可能已经蓄力完毕，准备重新发力，这时建议购买，等待回升。

中国医药（股票代码：600056）在2017年5月底到6月初股价持续下跌，CCI指标在6月5日更是下跌到了-227。这时可能很多新股民朋友们已经纷纷抛售了股票，但没有发现第二日CCI指标止住颓势奋起直追，在6月7日重新回到了+100到-100的正常区域，中国医药的股价从此迎来了一波新的上涨（如图5-15所示）。

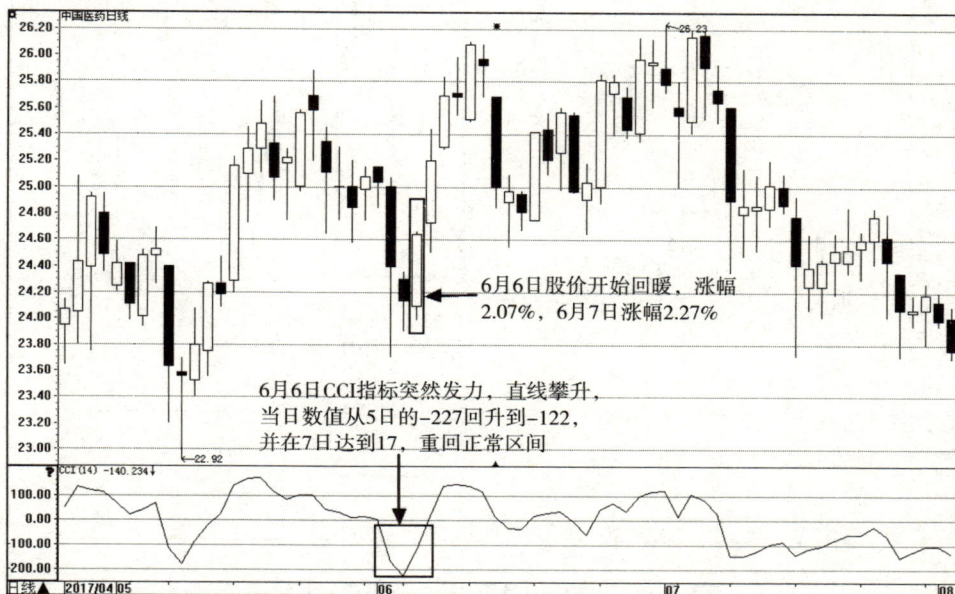

图中标注：

6月6日股价开始回暖，涨幅2.07%，6月7日涨幅2.27%

6月6日CCI指标突然发力，直线攀升，当日数值从5日的-227回升到-122，并在7日达到17，重回正常区间

图5-15　2017年4月至8月中国医药的K线图

（6）当CCI指标突破正常范围，上升到+100后，只要仍有上涨的态势，可以考虑不急于出售，继续等待股价上涨。

中国石化（股票代码：600028）在2017年3月至2017年5月初这段时间内，股价走势一直比较平稳，没有大起大落。在5月22日稍有涨幅显得十分平常，并不能打动新股民朋友们的心。但这时熟悉CCI指标的股民会发现在5月22日CCI指标达到166，挺入了非正常区域，是买入的信号。果然此后中国石化开始了一波猛烈的上涨并持续到了6月1日，股从5月22日的收盘价5.95元上涨到了最高价6.35元，这一次中国石化股价的上涨肯定使信赖CCI

指标的股民们收获颇丰（如图5-16所示）。

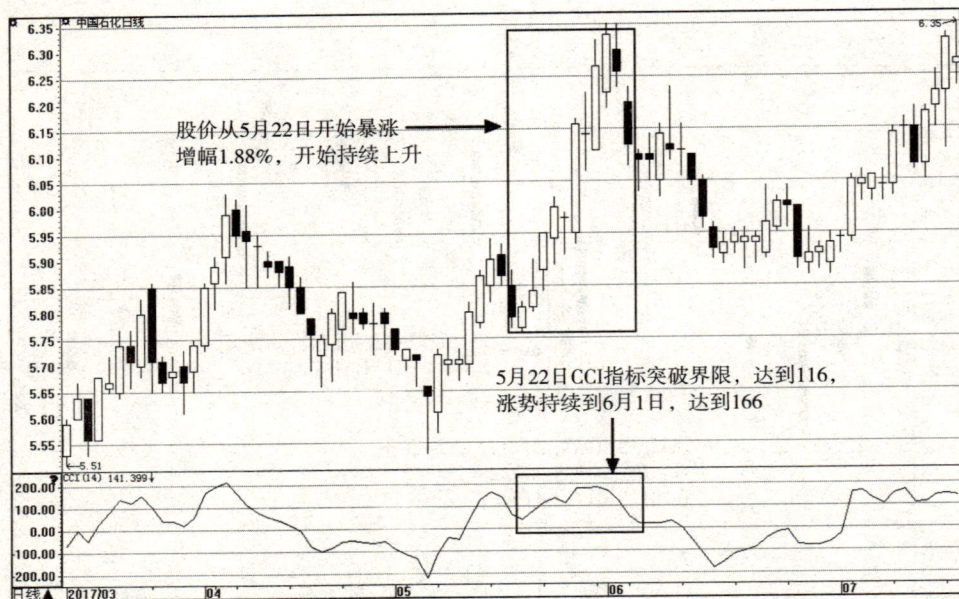

股价从5月22日开始暴涨
增幅1.88%，开始持续上升

5月22日CCI指标突破界限，达到116，
涨势持续到6月1日，达到166

图5-16　2017年3月至7月中国石化的K线图

相信在千篇一律分析计算指标的年代，CCI指标的特立独行一定能使新股民朋友们眼前一亮。在掌握了这一指标后，新股民朋友们再遇到股价暴涨暴跌时就能够从容应对，精确判断投资和撤离的时间，成为快人一步的股坛高手。

5.8　CR指标

CR指标又被称为能量指标，在分析中长期股市走势时有其独特的优势。和其他分析超买、超卖的指标不同，CR指标是以中间价为数据对股市进行分析。通过对上一计算周期和当前想要分析周期的最高价、最低价进行计算，从而得出想要分析的周期内股价的强弱。CR指标图由五条线组成，分别是一条CR线和四条CR平均线。四条CR平均线A、B、C、D分别对应从短周期到长周期的四个时间。A、B两条线代表副震带，C、D两条线代表主震带。

为了方便新股民朋友们了解和学习，下面给大家介绍一下使用CR指标时的技巧和注意事项。

（1）不建议单一使用CR指标，应配合其他计算分析指标一起判断。

（2）在CR指标出现负值时，只当作0来进行计算。

（3）当CR指标数值为100时，代表中间的买卖双方的能量趋于平衡。

（4）当CR指标处在80至150之间时，代表股票处于相对平衡的时期，不太容易判断出上涨或下跌趋势，建议不要盲目入手。

（5）当CR指标大于200并且处在反弹行情中，建议尽快卖出，因为股价随时有可能下跌。

（6）当CR指标大于300时，不要被高涨的股价冲昏头脑，股价随时有可能回落，投资要谨慎。

（7）当CR指标已经下跌至30以下时，代表股价几乎已经触底，这时可以考虑低价位投资，等待股价的下一步变化。

（8）当CR指标在40以下时，代表股票可能已经触底，正在重新积蓄力量，可以考虑适量入手，等待随时有可能发生的反扑。

通常情况下，CR指标在股市中扮演着先知的角色，它可能领先于股价的走势，提前对股价接下来的变化发出信号。而这些信号都源于CR线和股价走势线所呈现的形态。

（1）当CR指标仰头而上，股价走势线也随着上升时，预示着股价可能会持续上涨，此时建议投资建仓。

（2）当CR指标步步走低，股价走势线也跟着节节败退时，预示着股价可能短时间内很难有大的起色，此时不建议投资。

（3）当CR指标还在继续上升，但股价走势线却在持续下跌时，代表股价在之前一段时间内都处于低谷阶段，此时已有抬头的前兆，这时可以考虑入手待变。

（4）当CR指标处于下跌趋势，股价却不跌反升时，代表股价在之前一段时间内形势大好，一路突飞猛进，此时仿佛已经看到这段上涨的尽头。这时建议卖出，避免造成损失。

CR指标以它独特的思考角度和计算方式，在股市中俘获了大量的追随者。CR指标很适合新股民朋友们上手学习，如能同时配合其他计算分析指标使用，更会如虎添翼。

5.9　BOLL指标

　　BOLL指标也称为布林线指标，由美国分析师约翰·布林提出。与大多数技术参数不同，BOLL指标在判断指标不多的趋势与形态分析中独占鳌头。BOLL指标由三条线组成，其中上下两条线分别代表压力线和支撑线，中间一条线则为股价平均线。

　　在股市中，新股民朋友们受到损失通常有两种情况。一种是在股价高涨时卖出后，股价并没有像想象中的那样回落而是继续高走，使赚得的利益变少。另一种情况则是在股价下跌时入手建仓，股价却没有像分析的那样回升而是持续下跌，使股民朋友资金受损。BOLL指标认为，所有投资类市场都有共同点，在市场中所有的起伏都不是绝对的，而是相对而言的。无论股价突破压力线以上还是跌落至支撑线以下，都只代表该股股价相对的高或者低。股民朋友如果想要投资该股，要通盘考虑并配合其他指标一起分析（如图5-17所示）。

　　在BOLL指标中，三条线形成了两个区域。当股价走入股价平均线和压力线中，代表该股价势头强劲，股价可能会上涨，是买入信号。当股价走入股价平均线和支撑线中，则代表该股陷入颓势，股价可能会下跌，是卖出信号。

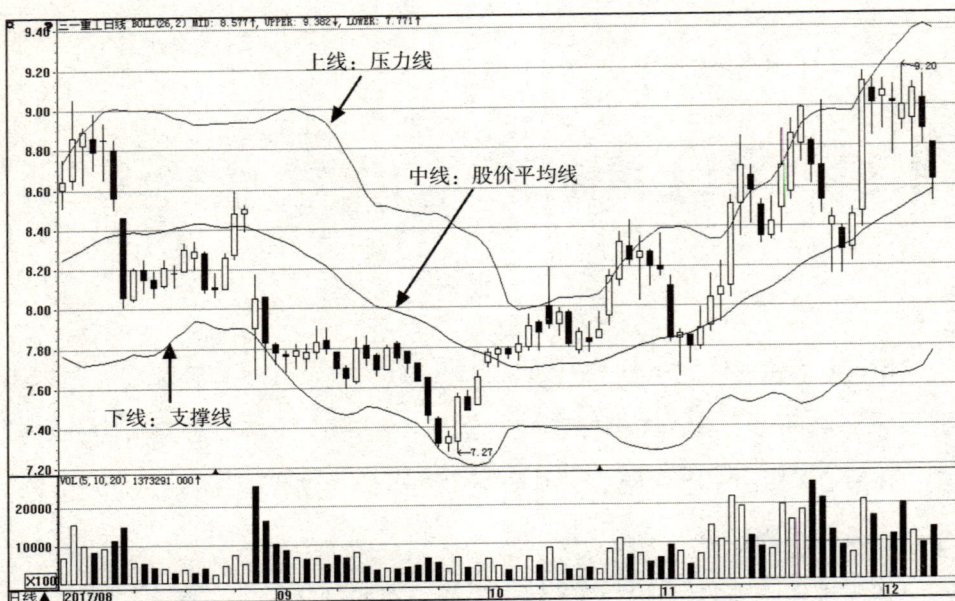

图5-17　BOLL指标三线示意图

　　在BOLL指标中，上海贝岭（股票代码：600171）之前很长一段时间内都处于股价平均线与支撑线之间的弱势区域，股价虽然偶有上涨但没有办法改变整体的下跌趋势。直到2017年6月15日，股价上涨进入到了由压力线与股价平均线组成的强势区域。果然一扫颓势，在后面很长一段时间内股价都持续上涨（如图5-18所示）。

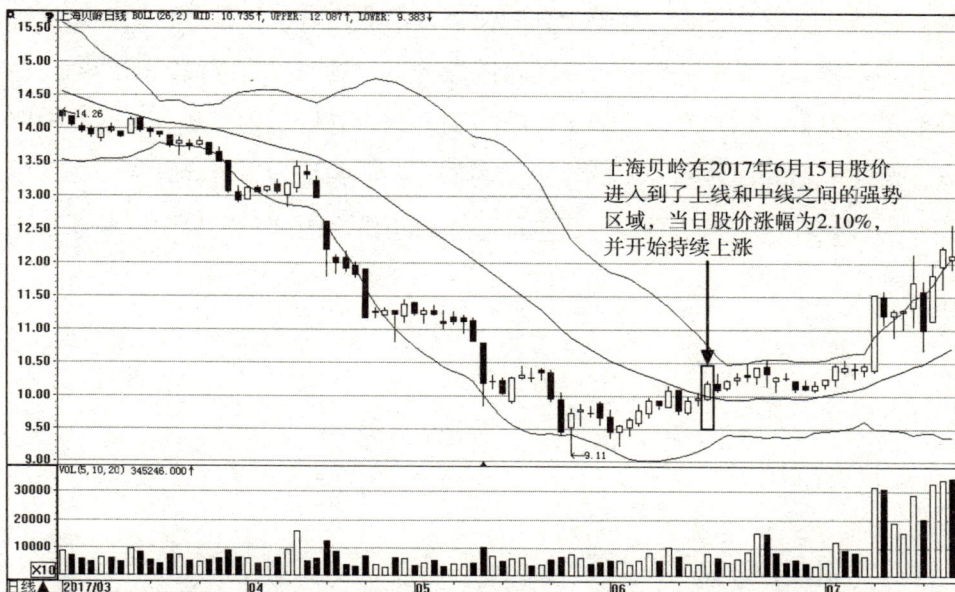

图5-18　2017年3月至7月上海贝岭K线图

在股市中，BOLL指标能相对准确地预示出股票接下来一段时间内的走向，对股民朋友们的投资能起到很大的指引作用。下面给大家介绍一下BOLL指标的特点和注意事项。

（1）在BOLL指标中，三条线所形成的区域范围会随着股价的起伏而变化。通常情况下，股价会在这三条线中间移动。一旦股价走到了区域外，代表该股出现了突发情况，一定要密切关注其动向。

（2）BOLL指标在预测股价走向的同时，也对股价起到了支撑或者压力的作用。

（3）当股价持续在BOLL指标中弱势区域运动时，代表该股随时有下跌的可能，建议这种情况选择在合适的价位卖出。

（4）在BOLL指标中，当股价在股价平均线附近运动时，随时有上涨或下跌的可能，建议不要贸然入手，应等待后市变化。

目前还没有一种指标能够做到判断完全准确无误，各种计算指标、分析工具多多少少都会有缺陷和自身的局限性，这也是困扰广大股民的问题。但新股民朋友们不用灰心，世界上没有完美的细算分析指标，却有常胜的投资者。如果能培养出冷静的头脑、独到的眼光，学会结合多个计算指标去分析判断、取长补短，相信总有一天您能够在股市淘金的茫茫人海中脱颖而出，一骑绝尘。

06 第6章 精准选股

　　股市中有成千上万只股票，每一只都可能成为搭载新股民朋友通往财富的快车，也可能成为把人拉进陷阱的黑手。所以，选择一只对的股票是每个股民投资炒股的第一步，也是最重要的一步。知道如何找到快车，如何避开陷阱，才能在变幻莫测的股市中有所收获。

6.1 选对股票，就成功了一半

股市是市场的镜子，更是整个社会经济的投影。大盘中显示的不光是一个个上市公司的成绩，更有无数股民的欢笑与叹息。一个个小小的数字牵动着无数人的心，两种简单的颜色就能让人欣喜若狂或者黯然神伤，这就是股市的魅力。

对于尚未涉足股市的人而言，股市的变幻莫测已经尽人皆知，甚至到了耸人听闻的地步，使很多想进入股市的朋友望而却步。新股民朋友们无须担忧，股市说复杂确实复杂，但说简单也很简单。透过现象直观本质，想在股市中赚钱无非就是选择一只对的股票，在合适的时候买入，再于合适的时间卖出。

所以，选对一只股票就成功了一半。在股市中，每个行家里手都有一套自己的选股策略，细节处各不相同，原则却大多相似。下面就给新股民朋友们介绍一下大致的选股原则。

1. 选择有政策支持的股票

中国施行的是宏观调控与市场经济共存的经济体制，对于股市来说，一个新行业政策的推出就是改天换地般的变化。行业政策对股市的影响力毋庸置疑，所以选股的第一条就是不要选择政策对其有冲击的股票，而要选择政策对其有利的股票。

2. 选择行业中的佼佼者

股票反映了公司的运行情况，一只龙头股背后的公司必然也是该行业的佼佼者。龙头股票非常适合新股民朋友们选择，作为行业领头羊，龙头股有着雄厚的资金基础，很少出现大幅度下跌的情况，适合长期持有。

青岛啤酒（股票代码：600600）相信大家都非常熟悉，作为啤酒行业中的佼佼者，在股市中自然也是该行业中的龙头股。虽然是领头羊，但青岛啤酒的股票也有起伏，从2017年3月末到5月初青岛啤酒的股票整体呈下跌趋势，5月9日收盘价跌至31.19元。这时龙头股的力量显现了出来，在5月10日转跌为涨，在5月25日更是暴涨，一举扫清颓势，以34.38元收盘（如图6-1所示）。

图6-1　2017年2月至7月青岛啤酒的K线图

3.选择潜力股

相比龙头股的稳定发展，找到一只有潜力的股票往往更易获得更高的回报。在如今这个年代，资源的争夺已然成为世界的主旋律，稀有资源股票就有着巨大的潜力，是比较好的投资对象。

金钼股份（股票代码：601958）是亚洲最大的钼业公司，实力雄厚，在资源时代越来越凸显出自身的价值。这样的股票很难出现暴跌或长时间低谷的情况，在2017年4月中旬到5月金钼股份的股价有所下滑，但随后又开始了凶猛的上涨，涨势持续了近三个月，在8月7日涨幅达到了7.07%（如图6-2所示）。

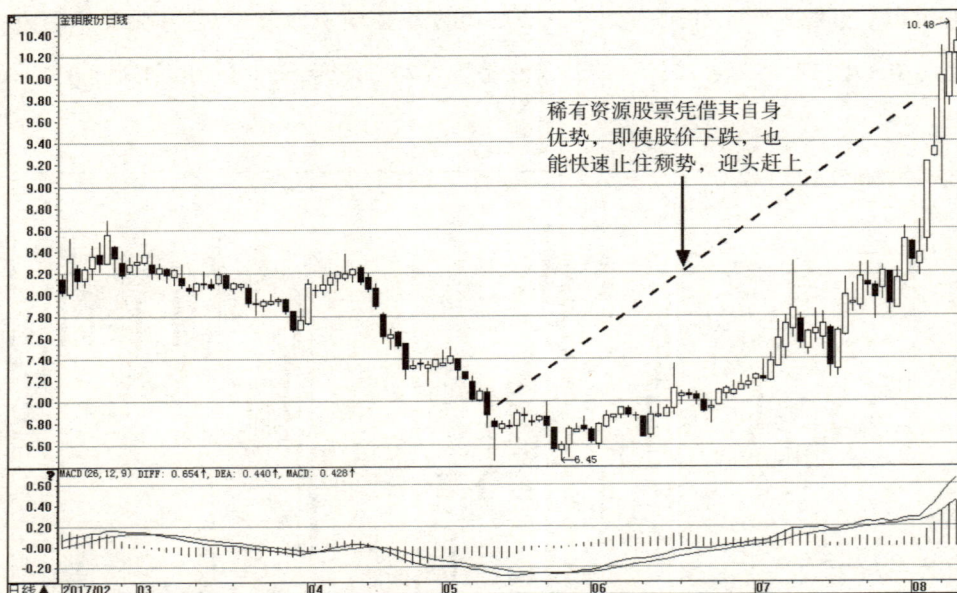

图6-2　2017年2月至8月金钼股份的K线图

4. 选择了解的股票

除了一些突发的事件，股票的走向主要还是由背后上市公司的运营情况决定。如果新股民朋友们对一家上市公司的情况有所了解，能够掌握公司的发展动态，判断公司的盈利状况，就能相对准确地判断股票的价格走向。

5. 选择正在上涨的股票

民间有句俗语叫"买涨不买跌"，这种思路有时在股市中同样适用。股价上涨就会吸引更多的资金注入，涨势就可能持续，即使有回落，再上涨的概率也很大。新股民朋友们由于经验和理论不足在选股上容易犯错，因此非常适合买涨这种选股思路。

　　海螺水泥（股票代码：600585）就是一个很好的买涨例子。从2017年5月15日该股股价开始持续上涨，吸引了很多股民的投资，成交量从12日的15万到15日已经达到了21万。涨势一直到6月13日停止，随即股价开始下跌，很多人选择这时卖出。但海螺水泥韧性十足，仅仅一周就积蓄好了力量，股价开始了第二波的上涨，涨势更胜第一轮，在6月29日涨幅更是达到了5%（如图6-3所示）。

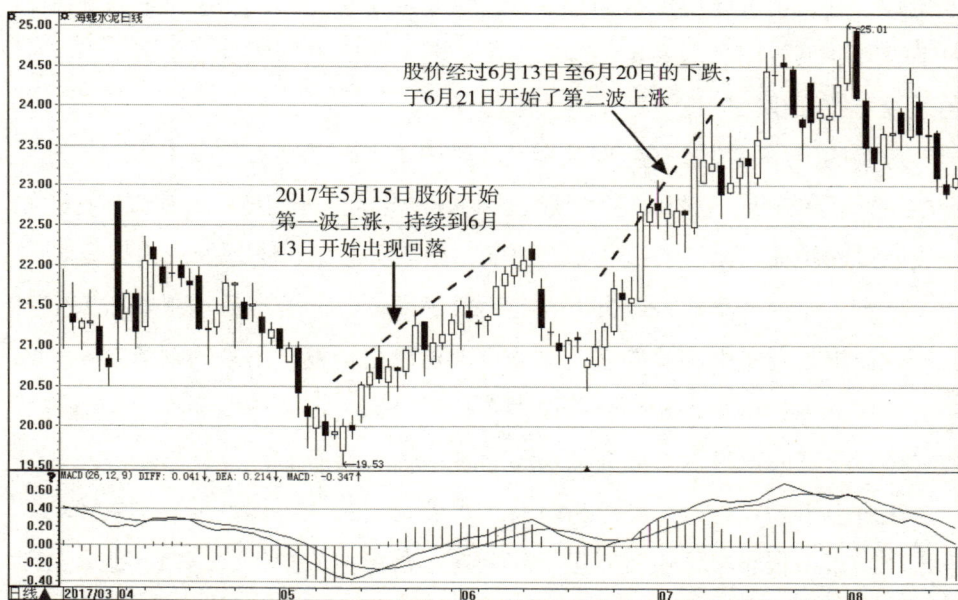

图6-3　2017年3月至8月海螺水泥的K线图

　　新股民朋友们要是能够灵活运用上述选股技巧，一定能发现一只优质的股票，从而更加接近炒股赚钱的目标。

6.2　通过黑马股快速套利

黑马股就是指那些在股市中不被看好或者无人问津的股票突然开始大幅度的上涨。每只黑马股的出现都会让一些股民一夜暴富，但更多的股民则是扼腕叹息，感叹自己为什么没有投资这只股票。

每一个股民都希望自己能投资到一只黑马股，但真正找到黑马股的人寥寥无几，这使得很多股民认为能否发现黑马股全都是运气问题。其实不然，黑马股并非随机出现，股价的暴涨一定有其原因，有原因就能够进行分析，黑马股虽然难找，但也不是完全无迹可寻的。

想要确定一只股票有没有成为黑马股的潜力，就要对这家上市公司进行全面的了解和分析。公司的经营模式、财务状况、管理层结构、其所在行业的发展前景和相关政策等，这些都有可能关系着其股票是不是能成为黑马股。

其实，作为一个散户股民尤其是新股民朋友，想要准确地了解一家上市公司的盈损状况是很困难的。所以一定要留意公司发布出来的财务报表，如果能掌握其中的信息，相信新股民朋友们对这家上市公司已经有了足够的了解，再判断其股票是否有成为黑马股的潜力就准确多了。

在对上市公司进行了解分析时有一点要特别关注，那就是公司发布的年中报表。年中报表中不仅有对上半年公司运营情况的报告、总结，还有其对下半年的计划和展望，这对我们预估其股票后市的走向有着很大的帮助。

但新股民朋友们要注意的是，不要看到一段时间上市公司的情况就立刻做出判断。分析一家上市公司的股票能否崛起，要观察其很长一段时间的总体发展情况，还要结合我们自身对市场的预估、行业政策的影响等进行判断。

通常黑马现象会出现在以下这样的股票上。

（1）股价处于低谷。虽然股价处于高位时也可能出现一飞冲天的情况，但毕竟是少数，难度很大，而股价低就有很大的上升空间。

（2）前景受到认可。股票背后的上市公司所处行业或发展方向是被人们看好的。

（3）初生牛犊。很多股民不看好初入股市的新丁，认为新股即使在刚上市的几天涨幅很大，但大多是昙花一现、经不起考验。这种想法使得其中有实力的新上市股票没有受到太多关注而容易成为一只黑马股。

至纯科技（股票代码：603690）股价自上市以来就一路飙高，涨势持续了近三个月，完全看不出有一丝初入股市的青涩，真可谓初生牛犊不怕虎。仅前两个月的涨幅就有541%，这个数据绝对配得上黑马股这个称号了。由此可见，是否成为黑马股并不由入市时间决定，还是要看上市公司的运营实力和发展前景（如图6-4所示）。

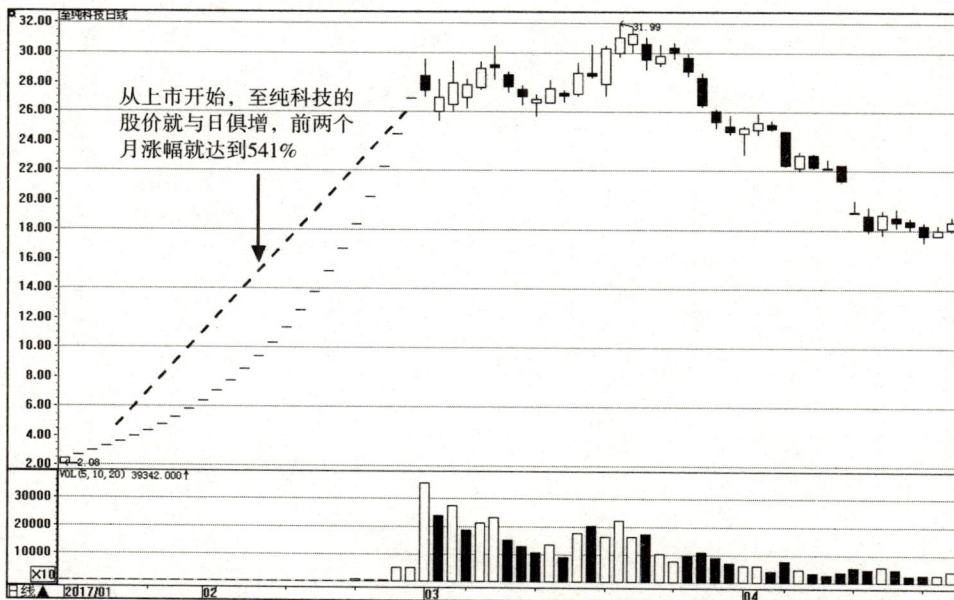

图6-4 2017年1月至4月至纯科技的K线图

　　秘密被太多人知道就不再是秘密，黑马股也一样，人人都想找到它，但找到的人多了它也就不再是黑马股了。所以，黑马股是可遇而不可求的，新股民朋友们想要找到它不仅要掌握其中的技巧，还要有自己的思路和方法，赚钱的机会往往属于少数人，只有与众不同，才有可能脱颖而出。

6.3 如何寻找牛市中的黑马股

入手一只黑马股是每个股民梦寐以求的事情，如果能在牛市中找到股市中的黑马股，更是会赚得盆满钵满，成为股市中的强者。那么如何在牛市中找到黑马股呢？下面总结了几个黑马股的特点，供大家参考。

1. 黑马常跑在小盘股

小盘股的说法其实是相对而言的，在中国股市中发行的流通盘一亿元以下的都称为小盘股。大盘股相对稳定，不会轻易退市，风险很小。但有风险才有收益，稳健的大盘股中很少会杀出黑马。小盘股起伏较大，高风险高收益，这样的股票成为黑马股的概率较大。

2. 新上市的股票

作为刚刚上市的新股，公司刚刚崭露头角雄姿英发，正是潜力巨大的时候。如果生逢牛市，会更加势不可当，股价的涨幅甚至可能突破天际，这样的股票无疑是黑马中的黑马。

3. 突发事件

其实，判断黑马股对新股民朋友们来说是很难的。要对突发事件、消息有很快的反应力和判断力，当传来对一些股票利好的消息时要迅速分析信息的可靠性，再找出其中的黑马股，做到快人一步，因为当所有人都反应过来时，它也就不再是黑马了。

来看一下首旅酒店（股票代码：600258）这只黑马股的表现。早在2016年4月便传出首旅和如家要合并的消息，经过一段时间的整合，从9月开始首旅酒店股价开始暴涨，一发而不可收（如图6-5所示）。

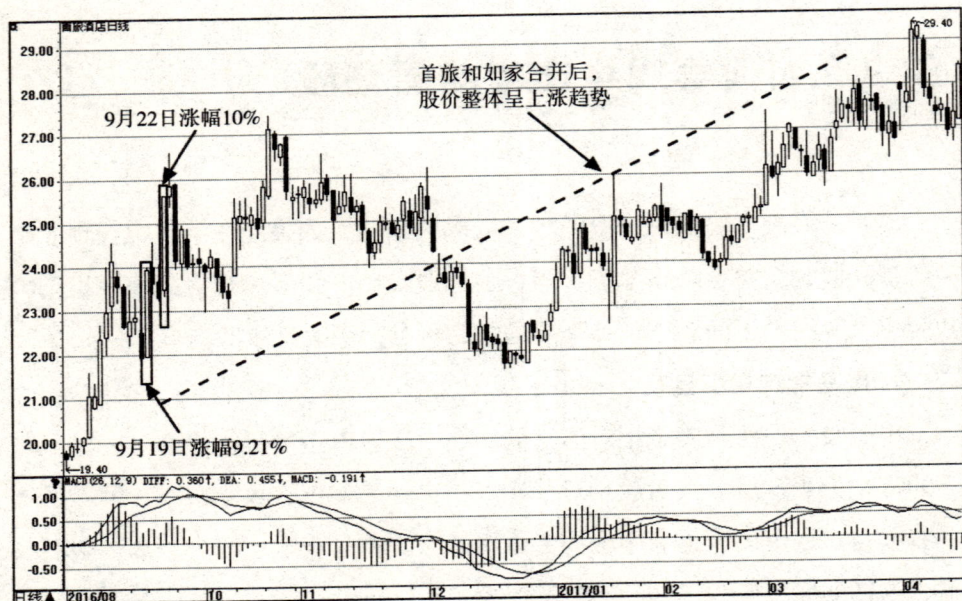

图6-5　2016年8月至2017年4月首旅酒店的K线图

　　如家并入首旅的消息让很多人跌破了眼镜。2016年在中国，如家酒店以2810家分店数位列第一，而首旅以166家分店仅排名第14位。首旅收购如家无异于蛇吞象。经过一段时间的合并、整合，首旅酒店的股票在9月猛然暴增，股价从8月30日的收盘价19.89元，到9月23日不足一个月里收盘价已经到了25.86元。并且其上升势头持久，第一波上涨直到2017年4月才停下脚步。

4. 突破瓶颈的股票

　　人们常说最大的敌人就是自己，股票也是一样，股价所达到过的最高峰就是它的瓶颈。如果一只股票突然打破了它有史以来的最高价位、突破了瓶颈，那么没有人能够预估出它的涨势会在何处停止，可谓潜力无限，这样的股票往往有很高的概率成为黑马股。

在股市整体上涨时，人们已经被各种飘红的股票吸引住了眼球。想在其中找到黑马股无疑比平时困难得多，可是一旦找到，收益将无比丰厚。等到黑马的四蹄已经扬起，其他股民再想要骑上马背就已经错过了收益最大的时间。所以，新股民朋友们想在最短的时间获得最大的利益，黑马股无疑是最好的选择。虽然寻找的过程十分艰辛，但最终获得的金钱和成就感是最好的回报，而且在寻找黑马股中涉及的各方面信息、知识和对于心理素质的要求会让新股民朋友们迅速蜕变，在成为股坛高手的路上更进一步。

6.4 寻找黑马股的三个窍门

对于黑马股的特点和能带来的巨大利益，相信新股民朋友们已经十分了解了，下面就给大家介绍一下找寻黑马股的具体技巧。

1. 最直观地判断黑马股：股票排行榜

每款炒股软件中都可以直接在行情报价页面通过点击涨幅、换手率、量比等查看该数据的股票当日排行，还可以通过更改阶段统计中的计算时间周期来查看周排行、月排行等数据。这种方法过程便捷，数据简单易懂，非常适合新股民朋友们来寻找黑马股。

首先，我们要关注涨幅排行榜的前半段，具体了解这些股票的上涨幅度。如果股市整体处于低迷状态，个股涨幅只要高于整体涨幅即可入选；如果股市处于牛市，那么个股涨幅一定要远高于大盘才有成为黑马股的潜力。

查看完涨幅排行榜后，我们要把高涨幅的股票进行量比比较，把量比较低的股票踢出我们的名单。

接下来要把之前得出的涨幅和量比数据代入股民朋友们熟悉的K线图中了。在K线图中查看两组数据组合在一起后是否还是上升状态，借此进行这一轮的筛选。最后逐一观察剩下的这些股票，利用擅长分析短期股票形势的KDJ指标进行最后的选拔。如果股票已经进入到了高数值区域或者出现了黄金交叉的现象，那么毫无疑问，这只股票就是一只短期黑马股。

深物业A（股票代码：000011）2016年的涨幅为30.08%，并不惊人，但在整体的熊市中，这样的成绩却名列第11位，并且深物业A的量比达到了

2.02，远高于涨幅排行榜的前10名。KDJ指标更是在3月完成了两次黄金交叉，涨势十分明显，黑马股的本相已经无法遮掩（如图6-6所示）。

深物业A这只股票非常符合用排行榜找黑马股的条件，在2017年4月5日，股价果然开始上涨，并且势头越来越无法阻挡。股价开始了连续7天的上涨，仅仅4月12日一天涨幅就达到了10%，收盘价更是从3月31日的16.22元上涨到4月12日的20.09元，是一只当之无愧的黑马股。

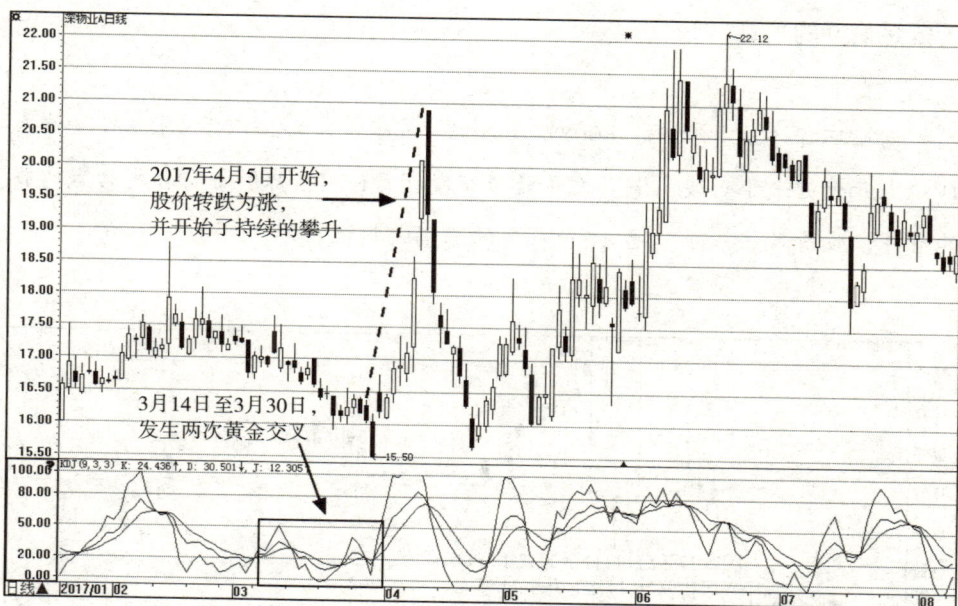

2017年4月5日开始，
股价转跌为涨，
并开始了持续的攀升

3月14日至3月30日，
发生两次黄金交叉

图6-6　2017年1月至8月深物业A的K线图

2. 股市外最好的帮手：新闻

相信新股民朋友们对国家货币政策或行业政策对股市的巨大影响已经有了很深的了解，只有关注了解这方面的信息，才能对股票的走势进行准确的判断。

对于个股来说，上市公司的融资、合并收购或者公司发展方面的改变等，对该股能否成为黑马股都会起到至关重要的作用，所以有关上市公司的新闻、消息，我们都要密切关注。

3. 成交量中找黑马

在股市中所有人最关注的永远都是股价与成交量，二者相互影响，相辅相成。股价想要暴增、想要持续地上升都离不开成交量的支持，这也是寻找黑马股最重要的关注点。能成为黑马股的，成交量在短时间内一定会有明显的上升。想要判断短期股票的走向，判断一只股票是否能成为黑马股，KDJ无疑是最好的工具。

创业环保（股票代码：600874）2017年5月11日至2017年5月16日股价在持续上升中迎来了一波高潮。无论是成交量还是KDJ指标图都符合成为黑马股的条件，股价果然暴涨，连续5日每天的涨幅都接近10%（如图6-7所示）。

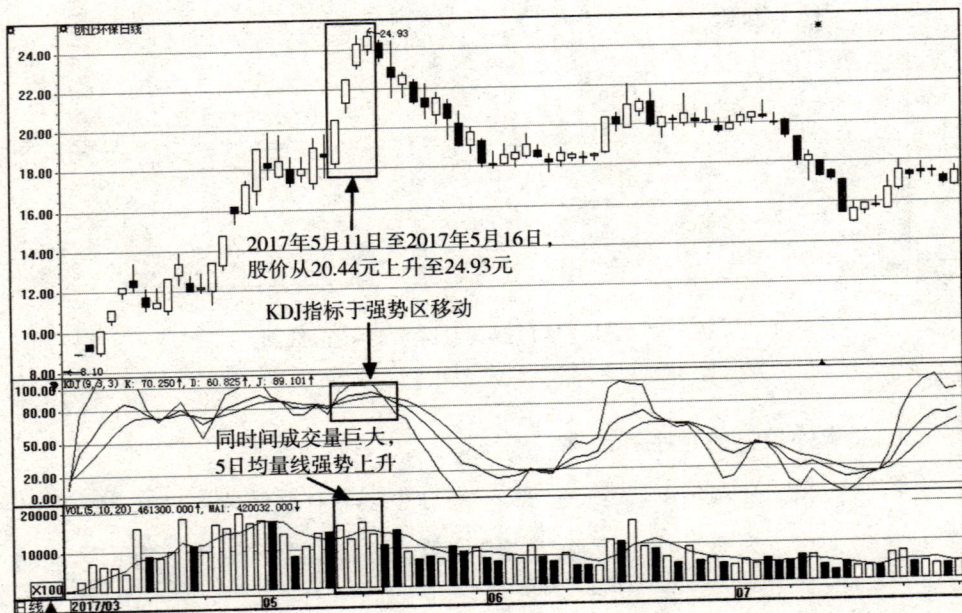

图6-7 2017年3月至7月创业环保的K线图

新股民朋友们在掌握这些技巧后，相信离自己的黑马股又近了一步。当然，寻找黑马股的技巧还有很多，甚至每个股坛高手都有自己寻找黑马股的一套理论。没有最强的技巧，只有最强的投资者，希望新股民朋友们能够尽早掌握股市投资方法，骑上一匹黑马，朝着自己的梦想飞奔而去。

6.5 如何在熊市中寻找抗跌股

股市之所以能让无数人蜂拥而至，不只是因为其中有巨大的利益。大盘的变幻莫测、股价的瞬息万变增添了股市的魅力，让人们钻研其中，流连忘返。新股民朋友们想要成为股市中的高手，不仅要懂得在牛市中投资赢利，更要懂得如何在熊市中求得一线生机，甚至扭亏为盈。熊市中也并不是所有股票都会下跌，坚韧的股票能在整盘下跌时稳住股价甚至展开绝地反击，这种股票被股民们称为抗跌股。真正的高手就是在股市低迷时能在万千股票中寻找到它。

下面给大家介绍一下选择抗跌股的几个主要的方向。

1.选择蓝筹股

在股市整体低迷时，大部分股民都会选择把资金转入到蓝筹股中。很多对股市不了解的人们认为蓝筹股就是科技股，其实蓝筹股指的是规模大、股价稳定上升的上市公司的股票。这样的上市公司通常在股市低迷的时期都能做出完善的应对从而稳住公司股价，是新股民朋友们抗跌时的首要选择。

蓝筹股相比其他股票确实稳定、可靠，不仅能够抗跌，中长期持有待涨也是不错的选择。但新股民朋友们不要把蓝筹股当作万能股，它也会有正常的股价起伏。在考虑投资入手蓝筹股时一样要分析走势，观察各种指标，遵循低买高卖的原则。

其实蓝筹股也有多种分类，像一线蓝筹股、二线蓝筹股、大盘蓝筹股等。每种蓝筹股都有不同的特点，新股民朋友们在投资时要根据自身的期望选择股票。

贵州茅台（股票代码：600519）大家都不陌生，无论其产品还是股票都深受人们喜爱，贵州茅台名列中国500强企业，属于一线蓝筹股。在2016年熊市时，虽前期受到影响股价下跌，但凭借着自身的韧性转跌为涨，帮助众多股民渡过难关（如图6-8所示）。

图6-8　2016年1月至10月贵州茅台的K线图

案例中的贵州茅台是蓝筹股中的佼佼者，在2016年熊市到来、大盘一片低迷之际，不到两个月就迅速稳住股价，并且转守为攻，股价在一片萧条之际反而节节高升，不仅为广大股民们提供了避风港，还为大家创造了收益。其实蓝筹股自身当中存在一个良性循环，因为其上市公司深受信赖，在股市低迷时众多股民都会投资于此，也帮助上市公司稳住了局势。

2. 选择龙头股

一个行业中的龙头企业往往能够走在大盘之前，先一步止跌并且先一步回暖。所以，相比于同行业的其他股票，把资金投入龙头股中是面对熊市时一个不错的选择。

3. 选择成长股

成长股是指其上市公司或其行业的潜力，受到了广泛的认可，并且这只股票走势十分健康。这样的股票在股市低迷时不一定能够稳住股价保持平稳。但由于自身巨大的潜力，经过一段时间后往往能够奋起直追，适合长期持有。

4. 选择资源股

资源是当今每个国家都十分关注的，社会想要发展离不开资源。但因为很多资源十分稀有甚至是不可再生的，所以这一类股票的前景非常乐观，自然有很强的抗压性。不管股市如何下跌，这类股票凭借自身行业的独特性，通常都能够起死回生。

最后，要提醒新股民朋友们一点，抗跌股并不代表股票不会跌，而是说这类股票的抗压性较高。在大盘股普遍大跌时，抗跌股只是下跌的幅度小、下跌的速度慢、回暖的概率高，千万不要认为投资了抗跌股就高枕无忧了。任何股票都有风险，想要把风险降到最低，还是要依靠我们丰富的知识和冷静的判断。

6.6　如何寻找白马股

在股市中还有一类股票深受股民喜爱，被称为白马股。与黑马股的突然暴涨、一鸣惊人不同，白马股指的是业绩长期优良、潜力高、风险低的股票。大家都知道，风险与收益成正比，因为白马股的风险相对较低，所以很少出现短期内暴涨的情况。白马股在大部分时间内都呈缓慢、持续的上涨形态，适合长期持有。

由于白马股长期走势健康，寻找起来也容易许多。即使是经验不足的新股民朋友们，在掌握相关知识后也能轻易追寻到白马奔跑的足迹，从中获利。

铁打的大盘，流水的股票，股市中的股票成千上万，并且每日更迭不断。而在竞争如此激烈的地方，究竟哪些股票能成为常青树、哪些股票能被称为白马股呢？下面就为新股民朋友们总结一下白马股的特点。

1. 选择高配送股

通常来说，只有经营状况良好的上市公司才会有高配送的情况出现，通过送股使股价降低，从而使更多投资者注入资金。这是有实力、有自信的上市公司才会使用的方法。这样的公司的股票很有可能就是实力强劲的白马股。

2. 选择稳定股

判断一只股票是否稳定，主要是通过观察上市公司的业绩情况来完成。我们可以很轻易地找到公司发布的财务报表，通过分析报表中的各项数据，可以知道公司业绩是否稳定。股民通常可以重点关注上市公司以下的几个数据。

（1）市盈率。

通过市盈率可以判断出一家上市公司的潜力，对于新股民朋友们来说，这种方法无疑是最简单明了的。市盈率低的股票大多业绩都很优秀，有很高的潜力。

（2）每股收益。

每股收益简单来说就是每股在税后产生的利润。每股收益越高，自然代表其公司的业绩越优秀。而且每股收益和公司的总收益有时候并不成正比，一些上市公司税后的总收益很高，但每股收益不高，就代表着这家公司的业绩不是很好。所以，计算出每股收益对判断白马股至关重要。

（3）每股净资产值。

每股净资产值指的是用上市公司的净资产除以发行的总股数所得出来的数值。每股净资产值直接反映了每股的价值，只有高的每股净资产值才能支撑股票走得更高、走得更远。这一项数据在找寻白马股时是不可忽视的。

（4）净利润增长率。

净利润增长率就非常好理解了，公司业绩也犹如逆水行舟，不进则退。如果一家上市公司长时间净利润增长率都没有提升，就证明这家公司的潜力已经被榨干了，即使目前股价稳定，也已经没有成为白马股的机会了。

（5）主营业务收入增长率。

对于一家上市公司来说，主营业务既是在市场中拼搏的拳头，更是立足于股市的脊梁。主营业务一定是公司的主要收益来源，那么，通过一家公司的主营业务收入增长率就足以看出这家公司是否有足够的竞争力了。

3. 紧盯增量资金后的反应

当一只增长稳定、走向良好的股票高配送时，自然就会吸引众多投资者的眼球。越来越多的资金流入，成交量不断增加，股价自然水涨船高。前面在分析黑马股时提到过，暴增的成交量会使股价暴涨，像这种不稳定的情况肯定不符合我们找寻白马股的初衷。一只成交量持续稳定增加的白马股，才能让我们放心地中长期持有。

五粮液（股票代码：000858）在2017年上半年呈稳定上升态势，股价和成交量整体平稳，很少出现大的波动。股票在这半年中成长良好，股价从2017年1月3日的34.66元达到了2017年6月27日的57.16元（如图6-9所示）。

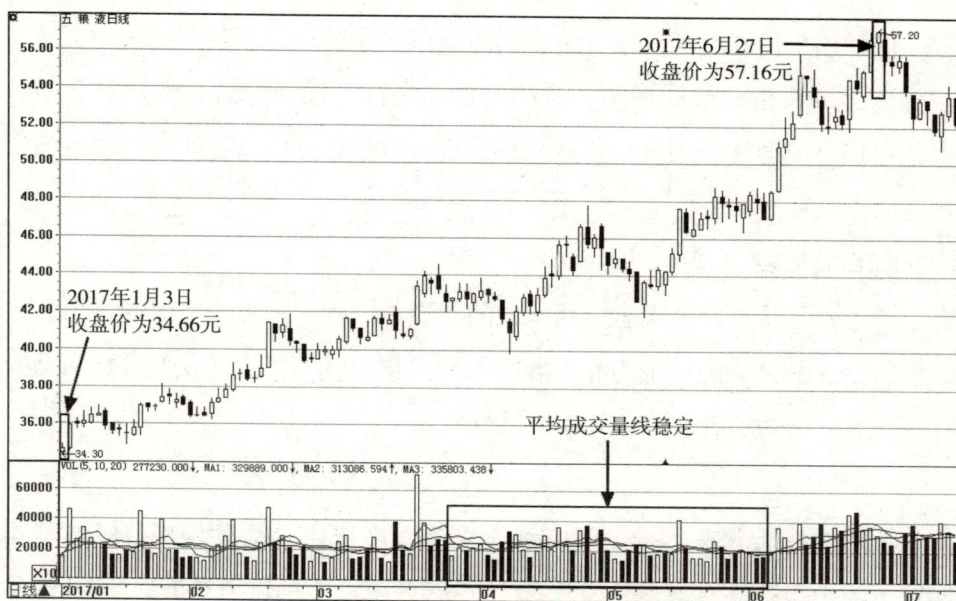

图6-9　2017年1月至7月五粮液的K线图

案例中的五粮液可谓盛名已久，是一只公认的白马股。五粮液在2017年上半年的K线图中呈现的态势就是一只标准的白马股。持续稳定上涨的股价、平稳的成交量，非常具有代表性。

新股民朋友们虽然了解了寻找白马股的方法，但是在众多股票中一一排查也是一项非常耗时耗力的工作。如果能确定寻找的行业板块，无疑能让我们更快速地确定投资方向。

根据如今股市的发展情况，建议新股民朋友们把目标定在高科技股票中。原因十分简单，现在我们处于一个科技高速发展的年代，每个人都希望有更好的科技帮助我们过上更好的生活。在这样的背景下，高科技行业有着无与伦比的发展潜力，而且因为它的重要性，国家也对该行业出台了越来越多的扶持鼓励政策。在这些条件下，不难看出高科技行业美好的前景。

但并不是说所有高科技上市公司的股票都是白马股。我们在这个板块中一样要通过股价、成交量和长时间走势等进行筛选。针对高科技行业的特点，我们还要通过公司主打科技的来源进行判断和分析，这些科技来源通常分为以下几种。

1. 自我研发

一个高科技上市公司有自我研发的能力，证明了其自身强大的实力和人才储备，这种公司的竞争力和发展前景是毋庸置疑的，也是我们寻找白马股时首先要分析的目标。

紫光股份（股票代码：000938）无疑是中国高科技行业中的翘楚，在2017年上半年股票总体走势相对稳定。在5月遇到低谷但调整迅速，5月24日就转跌为涨，并且后续涨势迅猛。对比5月11日的最低价48.89元，6月29日达到60.99元的最高价，就是自身韧性最好的证明（如图6-10所示）。

2. 购买科技

在目前的中国科技业，引进和购买科学技术的情况是非常多的。通过金钱或资源获得自身成长的科技公司的股票也是一种不错的选择。

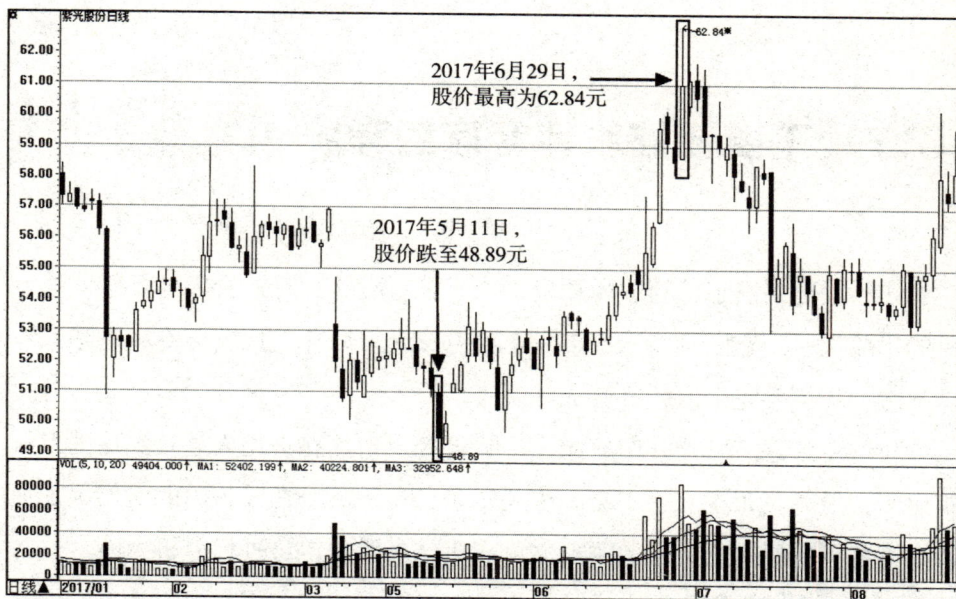

图6-10　2017年1月至8月紫光股份的K线图

3. 仿制

通过学习和模仿其他公司先进的科学技术或产品在中国市场十分普遍，在电子产品领域尤其盛行。

4. 科技共享

科技作为科技公司最重要的核心资源，共享的情况非常少。一般都出现在子母公司之间，由于它们利益共享、风险同担，因此能共享核心科技。

总而言之，寻找白马股相比于寻找黑马股而言确实简单得多，但这里的简单只是相对的。想要真正找到适合自己的股市常青树，丝毫马虎不得。希望新股民朋友们在一步步寻找适合自己的白马股的过程中，不仅距离这一次的成功投资越来越近，也在向成为股市高手一步步前进着。

6.7　不要轻信股评专家的荐股

在炒股这条路上，新股民朋友们由于没有经验，时常会跟随那些股票专家的思路选股。在刚刚步入股市时这种方法无可厚非，但股评专家的建议可以参考，却不要完全信赖、遵从。

股评专家之所以能开山立派、一呼百应，自然有其过人之处。这些专家相比于普通股民来说有更丰富的相关知识，多年沉浸在股市中的他们更加懂得通过各种指标，结合相关的新闻、资讯，对股票走势进行分析判断。这些都是股评专家强于众多股民之处，也是新股民朋友们应该学习的地方。但在变幻莫测的股市中还从来没有真正出现过一个不败的"神"，即使被称为"股神"的巴菲特也做过失败的投资，谁还敢称不败呢？

其实，股评专家最擅长的是站在第三方的角度，客观冷静地分析股市已经出现的情况。毕竟旁观者清，我们身在股市中，带着个人的情绪，有时候无法看清楚一个现象的全貌。这时候，股评专家以一个局外人的视角，结合他们丰富的知识对股市进行剖析，对股民进一步学习股票知识有很大的帮助。所以，股评专家可以成为我们在炒股路上的老师，但他们绝不是引路的先知甚至是神。

现在的股评专家已经太多了，当不同的专家给出了不同的建议时，又该如何选择呢？新股民朋友们不可能用自己的钱来一个个验证股评专家荐股的准确性，而且，股评专家的建议也是相对保守的。简单换位思考一下，如果我们是著名的股评专家，受到众多股民的信赖和追随，一句话就有可能让许多人收获颇丰，也有可能让他们血本无归。高处不胜寒，这时候哪个股评专家会去推荐一只风险大收益也大的股票呢？甚至有一些所谓的股评专家掌握的知识并不全面，只从一两个点出发进行分析、判断，给出的建议根本不准确，从而让众多股民受到损失。

那些所谓的"股坛神算"，与其说是先知，不如说是领队的队长更为合适。这是一个简单的滚雪球效应，由于被称为专家，他们给出的推荐一定有很多股民响应。买的人多了，股价自然会有不同程度的上涨，从而获得更多人的信赖；追随的人越多，股价上涨的概率也就越大。这种情况就一定要注意了，股价虽然在上涨，但不代表这只股票真正的价值，这时入手很容易被套牢。大盘如战场，作为其中的一名战士，唯有把命运掌握在自己的手中才是对自己负责。

有时候我们参考了太多的数据、专家的意见，反而蒙蔽了自己的双眼。大道至简，有时候真正赚钱的机会就出现在一条很简单的消息中。武侠小说中的高手分为三重境界：第一重是手中有刀，心中无刀；第二重是手中无刀，心中却有刀；第三重境界也是最高境界，即手中无刀，心中也无刀。其实殊途同归，新股民朋友们想成为真正的股市高手，就要做到把股票的知识融会贯通，变成自己的知识，总结出自己的炒股理论，这样才能信手拈来，让炒股赚钱变得越来越简单，越来越轻松。

07 看盘

第7章

股市中有无数的指标和投资理论，这些往往使新股民朋友们望而却步，心生恐惧。其实万变不离其宗，如果新股民朋友们能够完全掌握看盘这一炒股必修课，一样可以实现投资获利的梦想。看盘是新股民朋友们最基础、最重要的技能。

7.1 学会看盘，顺势而为

对于一个股民来说，如果看不懂大盘还想炒股赚钱，无异于盲人摸象。大盘呈现的是股市整体的起伏走势，学会看盘才能看清大势。新股民朋友们一定要知道，大盘的走势很大程度上决定了个股的成长。在大盘整体走势昂扬向上时，通常个股也会水涨船高，股价纷纷上涨。如果当大盘整体都处于低迷状态之时，皮之不存，毛将焉附，很难有个股能够幸免于难。所以说，大盘的走向是每个股民判断个股涨跌时最重要的依据。

其实，每个股民都像是在海中乘船的摆渡人。只有顺势而为才能保全自己，最终行驶到梦想的港湾。如果明知大势所趋却选择逆流而上，往往会在逐梦的半路就遗憾地退出舞台。

想要分析股价的走势，首先一定要关注每天的开盘价。开盘价是由9：15至9：25这段时间的集合竞价产生的，可以反映出股民对股票的预期价格，很大程度上影响了股价的走势。如果在集合竞价时报买的最高价低于报卖的最低价，那么开盘价就由开市的第一笔交易价格决定。在关注开盘价的时候，成交量自然也不能忽视，只有成交量的不断上升才能支持股价的持续上涨。

重庆啤酒（股票代码：600132）2017年4月14日的走势可谓高开高走，在一个高的开盘价后股价并没有回落，反而继续上涨，刚开盘时也有非常高的成交量，这些都证明了股民对该股的信心（如图7-1所示）。

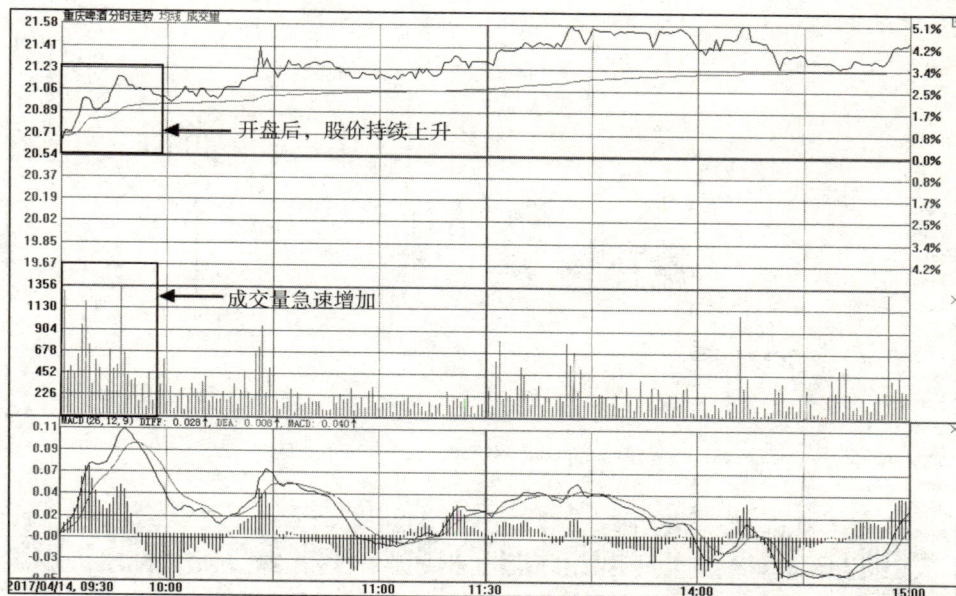

图7-1　重庆啤酒2017年4月14日的分时走势图

　　重庆啤酒的开盘股价就开始走高，再加上大额成交量的支撑，股价持续攀升，最高点涨幅更是达到了5%。各项数据都表现出了该股强大的潜力，预示着良好的后期走势（如图7-2所示）。

　　重庆啤酒在2017年4月14日前经过了多日的下跌，而14日良好的开盘价和后续走势好像在宣布下一轮股价上涨的开始。4月14日股价达到21.46元，到了4月25日已上涨至23.35元，并且涨势还在持续。

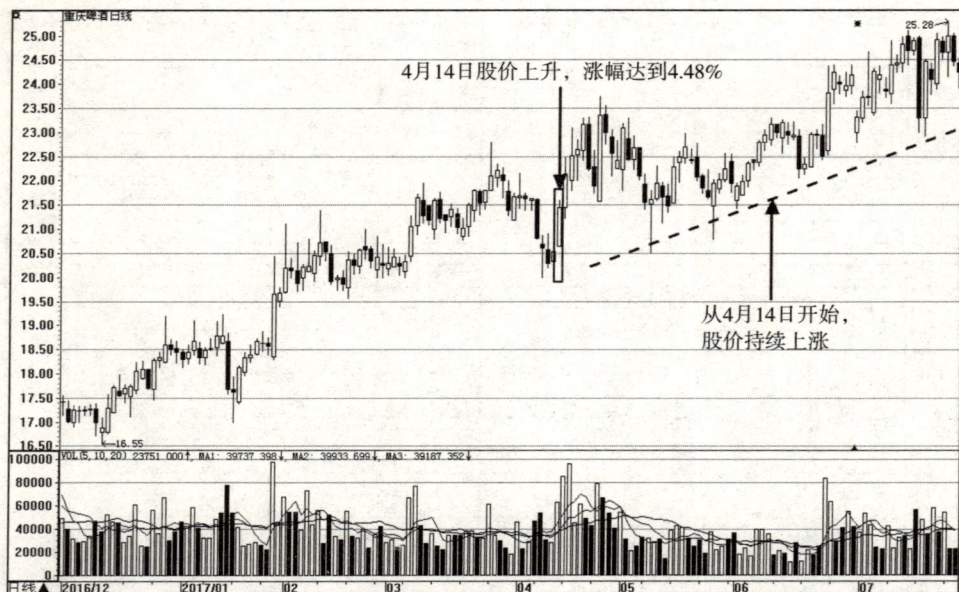

图7-2　2016年12月至2017年7月重庆啤酒的K线图

　　新股民朋友们在分析股价时不要只是纵向地考虑股价的起伏，还要横向地把各个时间的股价进行对比，因为单纯凭借股价的起伏根本无法判断股票整体的走向。比如一只股票当天有所涨幅，但前一天的跌幅更甚，那么股票总体还是下跌的趋势，就不能盲目投资入手。

　　股价的波动离不开成交量的变化，没有一只股票在股价上升或下跌同时成交量却是一潭死水。在大盘中，可以很清楚地看到总手数和换手率等常用信息，总手数指的是当天开盘到即时的现手数总和，换手率指的是股票买卖之间转手的频率。这两项是判断股票活跃度最有力的数据。

　　对于新股民朋友们来说，对大盘的认知和判断不是一朝一夕就能形成的，还需要长时间的观察和学习。在技术还不牢固、经验还不足的时候还是要在股市中小心地经营投资，想要一蹴而就往往会赔得血本无归。

7.2　如何看开盘

好的开始是成功的一半，在股市中也同样如此。股民们通常对开盘后三个10分钟的走势格外重视，这三个10分钟也被称为"开盘三板斧"，往往这三板斧就决定了股票一天的走势，新股民朋友们一定要重视起来。

先来说第一板斧，也就是第一个10分钟，这10分钟通常会成为多方和空方的对决时间。由于刚刚开盘，众多股民还处于观望阶段，为多空双方让出了战场。多方想要在刚开盘多进货，相对的空方则想在此时多出货，那么股价就会随着双方力量的变化而变化。空方为了利益最大化，肯定希望股价上涨，如果空方占据优势，开盘价势必会被抬高。相反，股价下跌更符合多方的利益，如果多方占上风，开盘价则会下跌（如图7-3、图7-4所示）。

第二板斧指的是开盘后的第二个10分钟，这个10分钟也被称为修正时间。由于在第一个10分钟里多空双方会发生激烈的争斗，分出胜负后会在第二个10分钟里进行调整。在第一个10分钟里如果空头强势，多头就会大批量接盘；如果多头强势，空头也会大举出货。

第三板斧也就是第三个10分钟，对于广大股民来说这10分钟就更加重要了，因为这10分钟真正敲定了这一天大盘的走势。到了这个时间会有大批的投资者加入，大盘也不会再受到控制，股票的真正价值就会显露出来，成为分析时强有力的数据。经过第三板斧的买卖换手，就基本确定了这一天大盘上下的浮动空间。

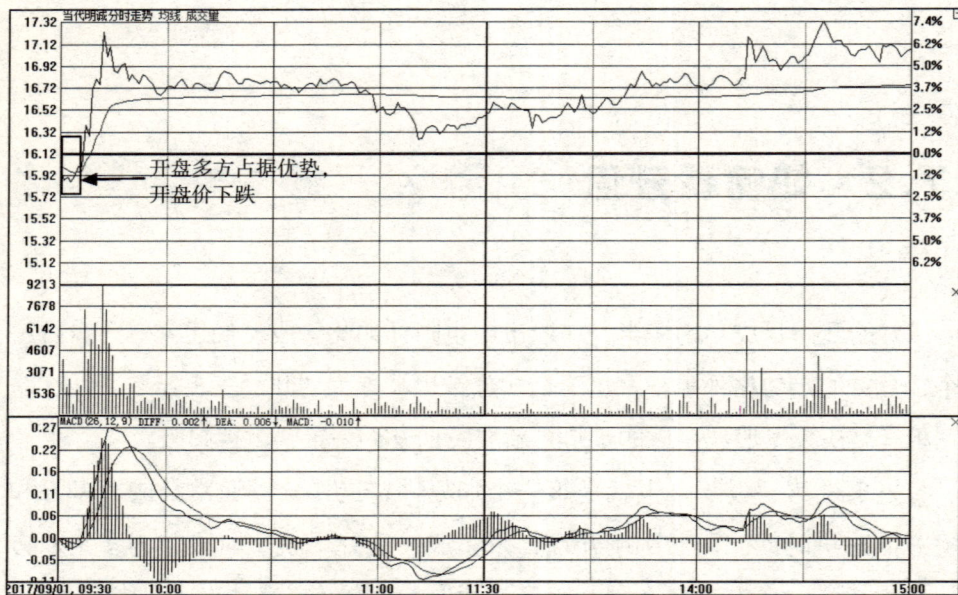

图7-3　开盘10分钟多方占优的分时走势图

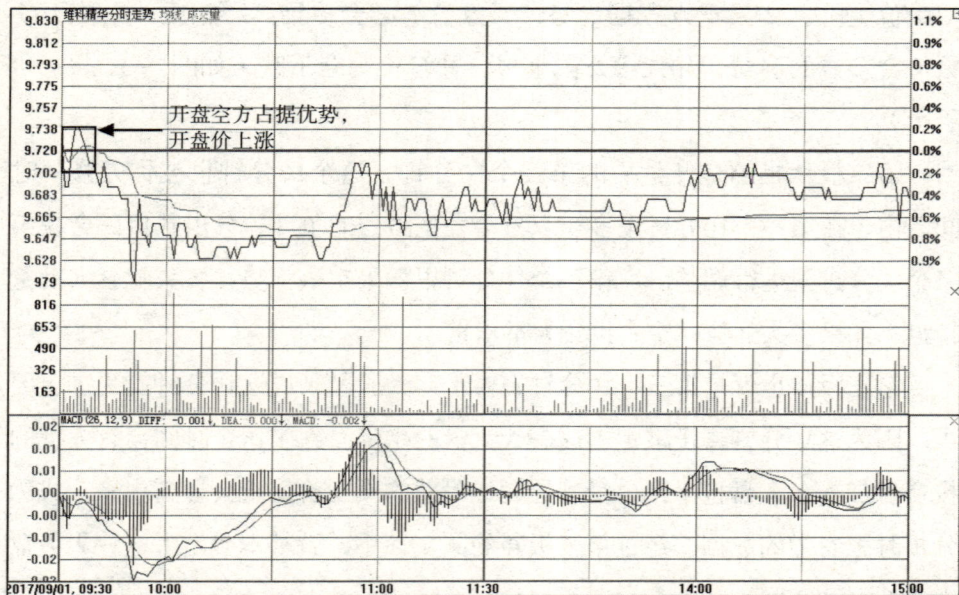

图7-4　开盘10分钟空方占优的分时走势图

　　大盘分析者通常会以每10分钟作为一个节点，把开盘价也作为一个点，把三个10分钟的点和开盘价点相连接，形成四个点和三条参考线。其中第二条线即可作为对当日股价分析的依据，而第三条线一般会成为那一日的平均线（如图7-5所示）。

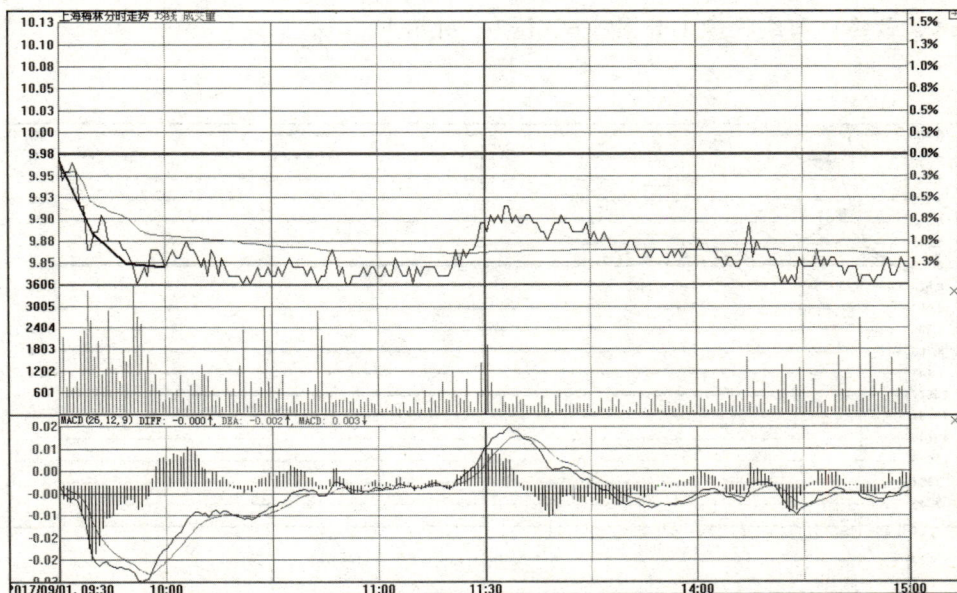

图7-5　"四点三线"的示意图

　　新股民朋友们要清楚，当三条线呈现的形态不同时，代表着大盘的不同走势。

1. 三线全部走高

　　如果四个时间节点所呈现的三条线全部上扬，表示这一日股价有很大概率会上涨，新股民朋友们可以考虑投资。但要注意的是，在股市中几乎没有"一定会发生"的事情，即使四点三线全部走高且成交量猛然暴增，也可能是人为操控的高价, 这时还要小心观察冷静判断, 方可做出决定。

同济堂 (股票代码: 600090) 在2017年6月7日开盘后的30分钟, 以四点三线全部走高的姿态开局。在9时40分时股价为8.85元, 在9时50分时股价上涨到9.30元并继续上涨, 在10点时股价已经达到了9.35元。果然当天股价上涨, 最终以阳线收盘 (如图7-6、图7-7所示)。

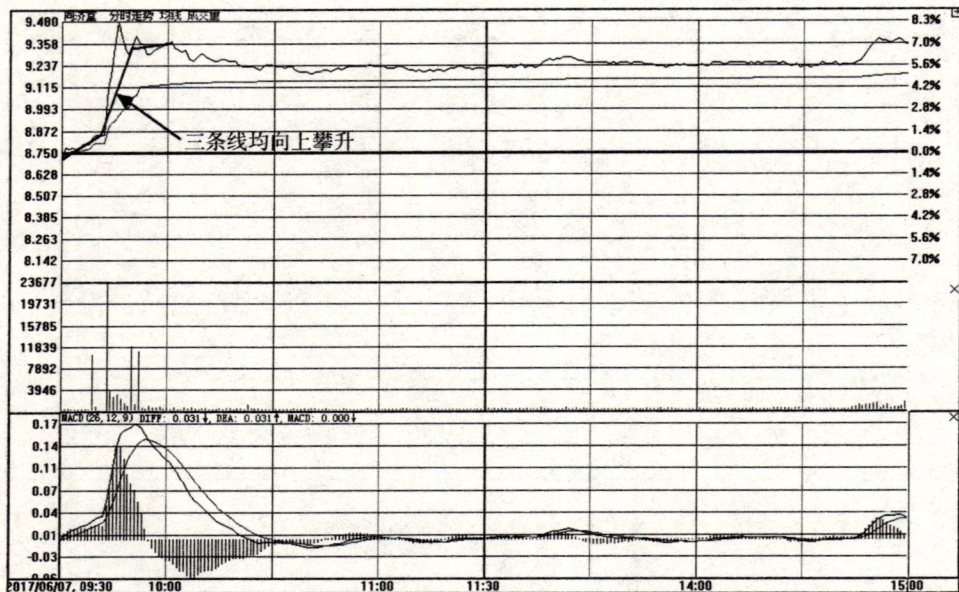

图7-6 2017年6月7日同济堂的分时走势图

图7-7 2016年6月至2017年6月同济堂的K线图

2. 三线全部下跌

如果四个时间节点所呈现出的三条线均下跌，这代表着对当日股票走势的不看好。当出现这种情况时，不建议新股民朋友们投资，亏损的可能性很高。

弘业股份（股票代码：600128）在2017年7月17日开盘后30分钟，三条线全部成跌落状态。9时40分股价为10.30元，在9时50分股价跌至10.11元，在10时股价继续下跌至10.10元。三条线连续下跌，果然该股当日以阴线收盘（如图7-8、图7-9所示）。

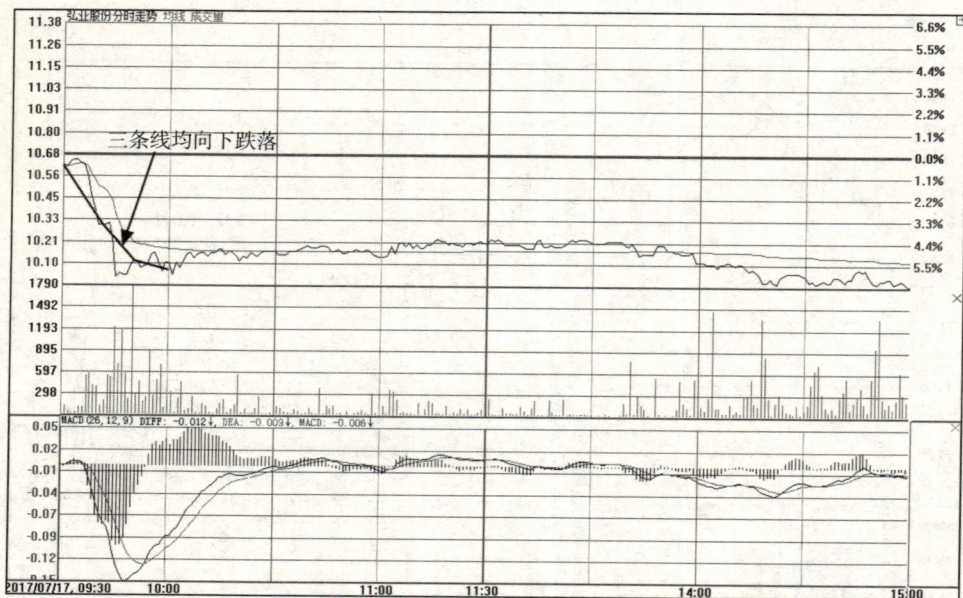

图7-8　2017年7月17日弘业股份的分时走势图

图7-9　2016年9月至2017年7月弘业股份的K线图

3. 三线一下二上

一下二上很容易理解，即在9时40分第一条线下跌，但随后两条线全部上扬，全部上涨至开盘价以上。这样的情况通常预示着当日股价会有比较大的起伏，但有惊无险，最后会以上涨落下帷幕。

福田汽车（股票代码：600166）在2017年6月26日开盘后30分钟呈现出了一下二上的局面。在9时40分时股价下跌至2.83元，9时50分股价上涨至2.85元，10时股价继续上涨至2.86元，最终以阳线收盘（如图7-10所示）。

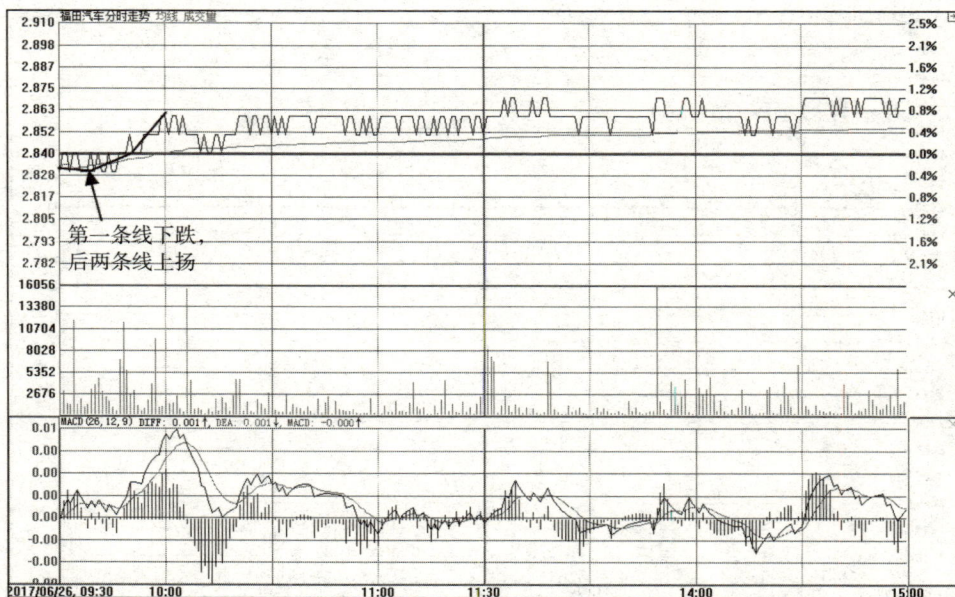

图7-10　2017年6月26日福田汽车的分时走势示意图

4. 三线二上一下

二上一下就是指开盘后30分钟，前两条线上扬但第三条线却发生下跌的情况。

上海建工（股票代码：600170）在2017年5月8日开盘后三线呈二上一下开局，9时40分股价为4.53元，9时50分时股价上涨至4.54元，10时股价下跌至4.53元。开盘二上一下，通常当日股价会不停出现震荡，走势难以预料（如图7-11所示）。

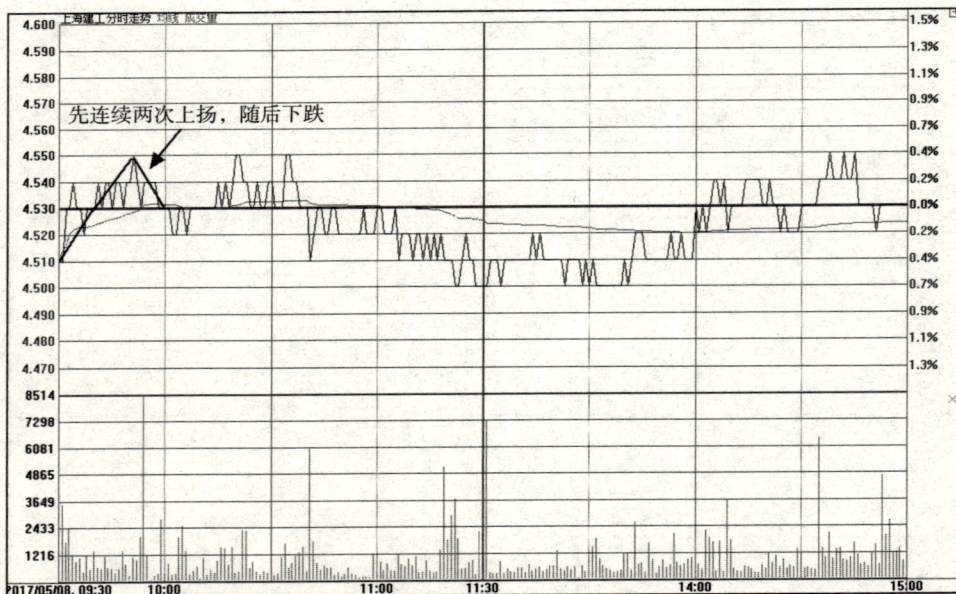

图7-11　2017年5月8日上海建工的分时走势示意图

5. 三线一上二下

一上二下就是指在开盘后第一条线上扬，但随后两条线全部下跌，代表当日股价极容易出现很大的起伏。

宝硕股份（股票代码：600155）在2017年6月22日形成了一上二下的开局，在9时40分股价上涨至16.76元，在9时50分股价下跌至16.66元，在10时股价继续下跌至16.60元。这样的情况通常预示着当日股价会出现震荡，尤其是后两条线全在开盘价之下，这明显是空方为了高价出货才抬高股价（如图7-12所示）。

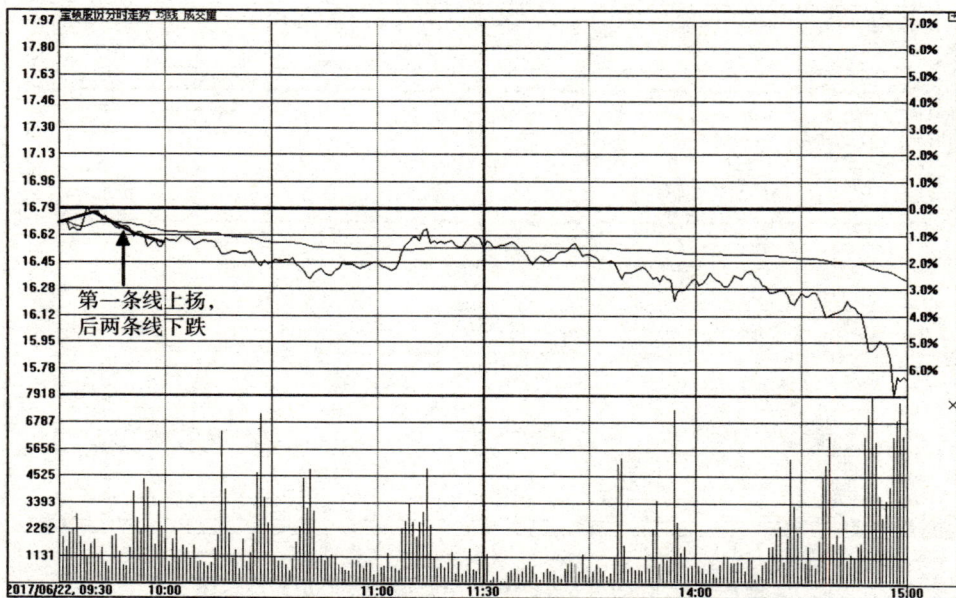

图7-12　2017年6月22日宝硕股份的分时走势示意图

6. 三线二下一上

三线二下一上是指开盘后前20分钟两条线全部下跌，但第三条线开始回升。出现这种情况通常股价会触底反弹，以阳线收盘。

莫高股份（股票代码：600543）在2017年5月24日开盘后30分钟呈现出二下一上的线形，在9时40分股价为11.64元，9时50分股价下跌为11.58元，但10时股价却回升至11.67元。二下一上的线形通常预示着股价否极泰来，将要开始上涨（如图7-13所示）。

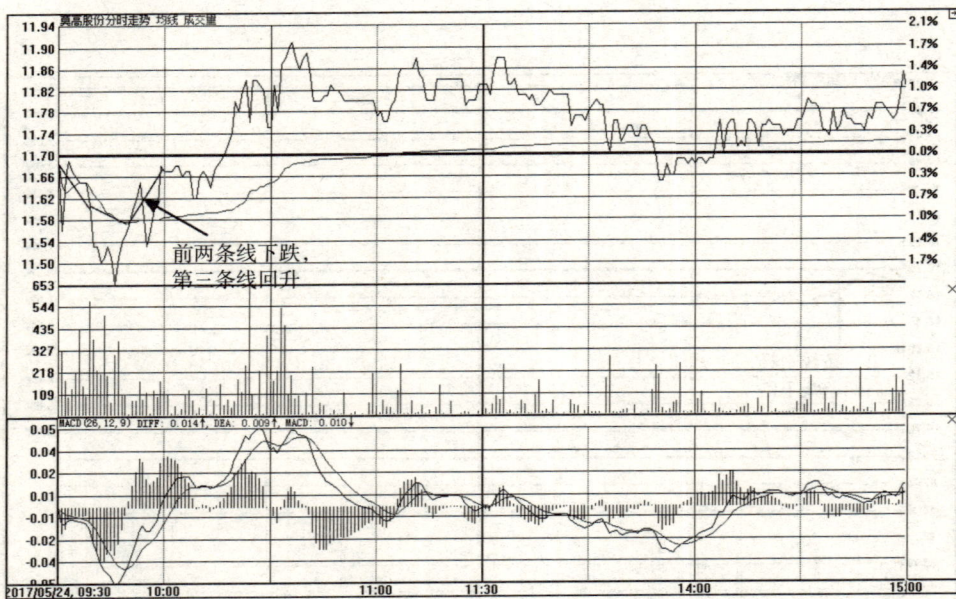

图7-13 2017年5月24日莫高股份的分时走势示意图

相信新股民朋友们已经认识到了"开盘三板斧"的重要性，并且掌握了相关知识。但在这里要提醒各位的是，开盘三线的线形以及对后市的判断只是由人们总结出的经验，新股民朋友们可以参考，但不要将其奉为铁律。在炒股的过程中，任何变化都有可能出现，不能随机应变的人往往都成了输家。

7.3　如何看盘中

其实股市的一天中，"开盘三板斧"只能算是多空双方相互试探的小试牛刀，接下来的三个小时才是双方真正的决战时刻。这段时间在股市中被称为盘中，这三个小时的前后各半小时分别称为开盘与尾盘。在时间的长度上就可以看出，独自占据三个小时的盘中有多么重要。

1.盘中鏖战的三个阶段

（1）争斗阶段。在前市时，双方厉兵秣马、相互试探，都是为这一刻做准备。由于多空双方利益此消彼长，是一种对立的关系，因此使这一次的较量根本无法避免。此时，大盘中股价的跌宕起伏，就是对方战况最直观的表现方式。如果这时大盘走势非常稳定，没有明显的波动，那就证明双方都十分谨慎，都不想因为在进攻时露出破绽而遗失战机。还有一种可能，就是双方旗鼓相当，难分伯仲。

（2）决战时刻。当双方较量到这个阶段，无论如何谨慎、是否势均力敌，在这一刻，为了利益能够最大化双方都要奋力一搏。文无第一，武无第二，在这个战场中，一定会决出胜负。新股民朋友们在这个时间一定要紧盯战况，判断战局，才能发现最佳的投资时机。当多方占据上风时，股价会上涨；相反，当空方占上风时，股价则会下跌。

（3）追击时间。当决战落下帷幕，胜利的一方一定会开始追击，以求扩大战果。而当日失败的一方为了来日再战，也会放弃一部分利益来保存实力，这时就是新股民朋友们套现的最好时机。

2. 决定盘中胜负的三大因素

（1）股指波动。当股指波动频率升高、波动幅度变大时，通常代表着走势即将发生转变。也就是说，当大盘走势上涨时股指波动剧烈，幅度较大，代表大盘即将转涨为跌。同样，在大盘处于下跌时出现这种情况，代表即将转跌为涨。

（2）涨跌家数。涨跌家数指的是在沪深两市中所有未停盘的股票有多少家上涨、多少家下跌，这是判断大势最直观的数据。当上涨家数多于下跌家数时，往往收盘指数会上涨；当下跌家数多于上涨家数时，收盘指数很可能会下跌。

（3）大盘指标股。大盘指标股基本可以看成是大盘的缩影。当大盘指标股气势如虹时，往往大盘走势也会十分优良。如果大盘指标股开始低迷时，大盘也难以有优秀的表现。大盘指标股和其他股票的不同之处也让它成为多空双方的必争之地。

在三个小时的盘中阶段，大盘可谓是瞬息万变，让人难以捉摸，同时也成为最考验股民分析判断能力的时候，在一次次起伏中也存在一次次的赚钱机会，这对新股民朋友们是最好的锻炼。如果新股民朋友们对盘中阶段有足够的了解，再加上对股市全盘的认知和个人的冷静判断，炒股赚钱将不再是梦想。

7.4　如何看尾盘

股市经过三个半小时的震荡起伏后，进入到了尾盘阶段。股市的每一分钟都注定无法平淡，长达30分钟的尾盘阶段当然也十分重要。尾盘的信息是当日股市的总结，也是对下一个交易日的预示。在之前的三个半小时中有人欢喜有人忧，但各位股民不要忘记，尾盘中同样蕴含着许多信息和投资机会。已经大有所获的朋友可以乘胜追击，有所损失的股民也还有翻身的机会。

股市中，没有人知道下一秒会发生什么。新股民朋友们不要因为之前的涨势或跌势就早早下定论，在尾盘中无论是人为原因或者是市场原因，都有可能将之前的走势逆转。如果在尾盘阶段放松警惕，就很有可能错失良机或有所损失。

在尾盘阶段，突然的放量往往预示着走势的改变。如果股票之前在上涨，尾盘阶段却突然放量，证明主力在出货，下一个交易日的股价很难继续上涨。如果股票之前处于下跌趋势，尾盘突然放量，可能是主力在进货，在下一个交易日股价可能会有所回升。

下面总结一下在尾盘中选股的技巧。

1. 买涨不买跌

股民们常说，没有最高，只有更高；没有最低，只有更低。在尾盘选股时，选择上涨趋势的股票相对安全。

太化股份（股票代码：600281）2017年6月6日股价经过一天的起伏，在尾盘时突然发力，最终以阳线收盘。在6月7日果然以高价开盘，股价稳定上升，最终交出了涨幅为3%的成绩单。所以投资尾盘上涨的股票，在下一个交易日更容易获利（如图7-14、图7-15所示）。

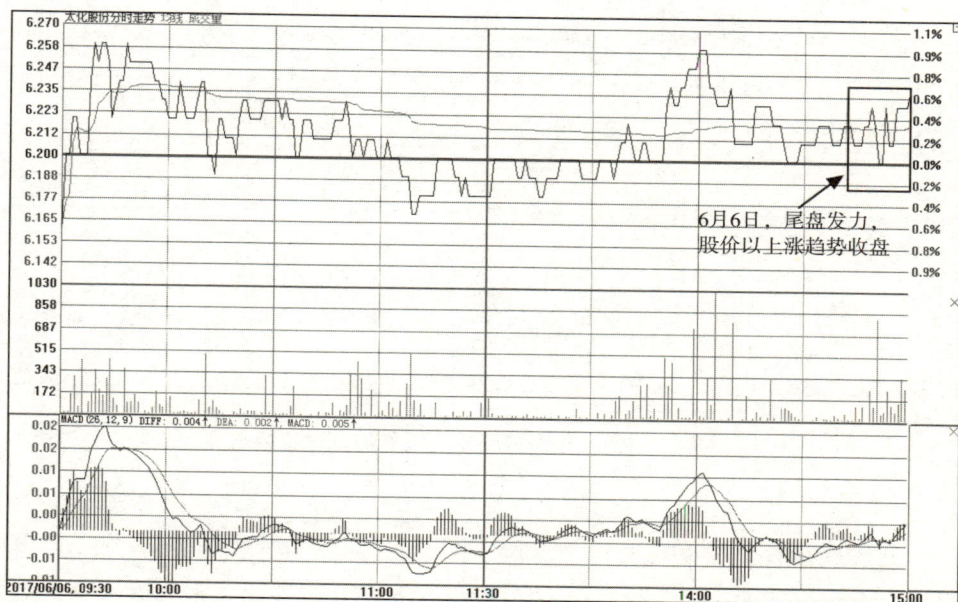

图7-14　2017年6月6日太化股份的分时走势图

2. 警惕暴跌股

要小心在尾盘中突然放量暴跌的股票，出现这种情况的股票的下跌形势在短时间内很难改变，不利于短线投资。

3. 抓紧暴涨股

如果一只股票全天表现十分平稳，但在尾盘时突然放量暴涨，出现这种情况的股票则是很好的投资选择。厚积薄发的股票往往实力强大，会持续上涨。

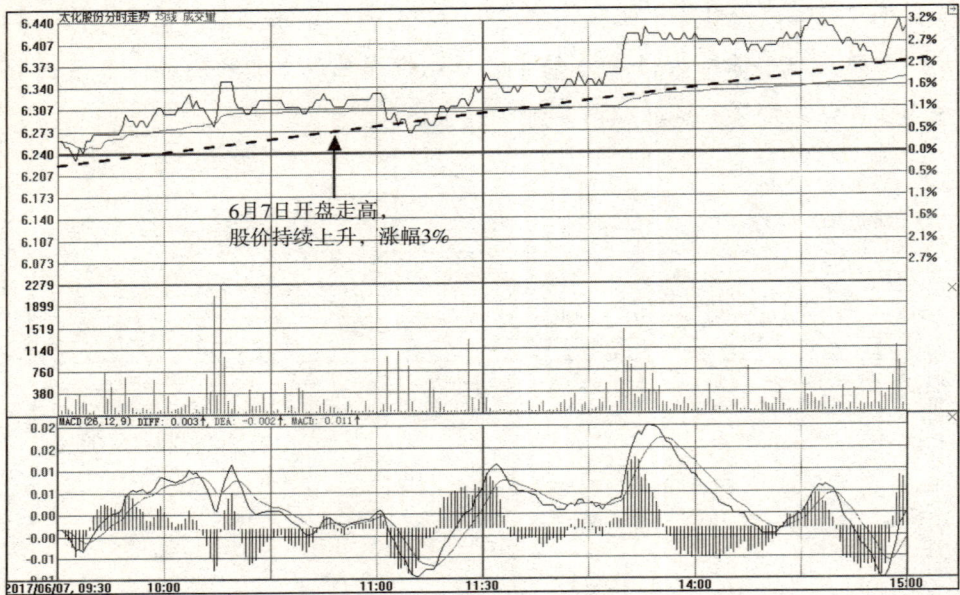

6月7日开盘走高，
股价持续上升，涨幅3%

图7-15　2017年6月7日太化股份的分时走势图

新股民朋友们要想在股市中大展宏图，对开盘、盘中、尾盘三个阶段都要了解并关注。只有了解相关知识，紧盯局势变化，分析各路信息，才能让炒股赚钱的概率最大化，投资失败财产受损的概率最小化。

7.5　牛市何时见顶

　　牛市其实就是多头市场，指股市整体长期上涨。每个股民都盼望着牛市的到来，因为在牛市时股市整体大好，选股的难度降低，获利的机会变大，赚钱仿佛变得轻而易举。但新股民朋友们一定要记住，在股市中不可能每个人都赚钱，也没有永恒的牛市。

　　有涨就有跌，有起就有落，牛市也一样是相对的，如果牛市能一直持续，那何来熊市、猴市一说呢？有些股民在牛市时盲目看好、贪得无厌，没有在牛市见顶时抽身，最终就可能竹篮打水一场空，甚至还会有所亏损。

　　股市中最不缺乏的就是冲动、盲目的人，只有冷静果断，懂得取舍的人才能获得成功。通常只有熊市来临时人们才知道牛市已经结束，但这时很多股民已经被套牢，悔之晚矣，懂得知足、见好就收的人成了最终的胜利者。

　　没有人能准确预测牛市见顶的时间，新股民朋友们想要获利最大化、找到最佳的抽身时机，就要对牛市的规律有所了解。分析各方面传来的消息，判断是不是牛市见顶的信号，才能做到先知先觉，从容退场。下面就给大家总结一下牛市见顶的信号。

1. 乐观者增多

　　在牛市中，乐观者越来越多，绝大多数人都沉浸在上涨的行情中。当所有人都看好时，其实也就代表着牛市即将见顶。

2. 领头羊止步

　　被万众看好的龙头股或蓝筹股上涨的脚步放缓，甚至开始回落时，预示着牛市见顶。

3. 失去警惕心

不断上涨的形势让人们渐渐失去了警惕心，普遍认为此时投资任何股票都可以获利。

4. 上涨放缓

整体的上涨趋势已经放缓，但人们普遍认为还会有下一轮大涨。

5. 媒体大肆宣传

电视、报纸等媒体对股市的报道越来越多，各种看好的言论大肆宣传，使原本不炒股的人们也纷纷加入其中。

6. 个股下跌

在牛市见顶时会有部分个股发生暴跌的现象，但绝大多数人不为所动，依旧沉浸在牛市持续的想法中。

7. 新股增多

越来越多的新股上市，被人们疯狂抢购，股价屡创新高。这显然已经不符合股市的正常规律，也预示着牛市的见顶。

8. 量增价平

成交量迅猛增长，但股价却不再高速上涨，甚至已经停滞不前，这是典型的牛市见顶信号。

新股民朋友们已经看出，牛市见顶的趋势从各个方面都能预示出来，只要细心观察都不难发现。但还有那么多人在牛市见顶时被套牢，一方面是因为大好的形势使很多不懂股票的人进入投资，另一方面还是因为股民们已经被利益蒙住了双眼，连很多经验老到、知识丰富的股坛高手此时都已经失去了往日的判断分析能力。在牛市中，看盘选股已经不再那么重要，这极大地弥补了新股民朋友们经验与技术的不足，和老股民站在了同一起跑线上。这时最重要的就是心态，在所有人都懂得买的时候，懂得卖、舍得卖的人才能成为最后的胜利者。

了解了牛市的规律和在牛市中应该持有的心态，相信新股民朋友们一定可以在牛市中捷报频传、获利凯旋。

7.6　熊市何时见底

　　熊市就是空头市场，指股市整体长期下跌。在股市中，人们可谓是"谈熊色变"。没有一个股民希望股市进入熊市，因为在熊市中，选股的难度变大，一不小心就会被套牢使得利益受损。这时，很多股民都不敢入市，选择持币观望。但有危机就会有转机，熊市中一样有投资获利的机会。

　　在牛市中获利容易，能在熊市中赚钱才能证明你是高手。新股民朋友们如果能判断熊市见底的时机，趁低买入，等股价回升时卖出一定会大有所获。当然，想判断熊市是否见底也不是一件容易的事情。如果判断错误，资金将会有很长一段时间被套牢，影响我们投资获利，所以熊市抄底是一件风险与机会并存的事情。

　　下面就总结一下熊市见底的信号。

　　1. 悲观蔓延

　　越来越多的股民对股市持悲观态度，认为熊市不会停止，纷纷选择抛售清仓，往往在出现这种情况时，熊市就快见底了。

　　2. 抗跌股下跌

　　被人们当作股市保险的抗跌蓝筹股也加入到了下跌的行列中，证明股市已经触底，即将反弹。

　　3. 下跌放缓

　　越来越多的个股下跌的幅度变小，甚至止住了下跌。

　　4. 回购股票

　　产业开始回购自身的股票，资本实质性增持。

5. 下跌比例变小

股价下跌的股票慢慢减少，上涨的股票逐渐增多。这是熊市见底的一个很明显的信号，股市即将回暖。

6. 谈熊色变

无论是股民还是非股民都对股市不看好，连卖方都已经不再强推。

7. 分析师预测

股票分析师们对股市越来越不看好，做出非常低的股价预测。

新股民朋友如果能掌握熊市的规律，同时结合各方面的指标和消息，相信一定可以预见熊市见底的时机。这时可以大胆出手抄底，在股市低迷时赚得满满一桶金。而且，熊市过后往往会迎来牛市，所以熊市见底的信号还可以作为牛市到来的前兆。新股民朋友们通过这些信号，可以为股市中的下一步走向提早做好准备，做到料事于先。

08 学会跟庄

第8章

在股市中，庄家无疑是一方巨头。在这个没有硝烟的战场中，庄家在举手投足间就可以决定很多普通战士的命运。新股民朋友们由于专业知识不足，又缺少经验，如果在股市中单打独斗，利益很容易受到损失。如果能跟随实力强劲的庄家进行投资，我们的炒股之路将变得更加顺遂。但庄家并不是慈善家，新股民朋友们要能够发现庄家、了解庄家的计谋，才能搭上庄家的顺风车，再从容跟庄中获利。

8.1 庄家入场时的异动

在股市中，那些掌握着大量资金或股票、能够影响股票走势的人被称为庄家。与随波逐流的小股民不同，庄家往往可以在股市中呼风唤雨、只手遮天，如果新股民朋友们能发现并跟上庄家的脚步，无异于搭上了赚钱的顺风车。

跟随庄家是中国股民特有的炒股方法，低风险高收益，而且操作简单，非常适合新股民朋友们。但天下没有白吃的午餐，跟庄最难的是如何找到庄家，并且分析出庄家的操盘方法。

一般来说，当股市出现下面这样的情况时，往往是因为庄家的介入。

1. 股价起伏剧烈

庄家最常见的获利方法就是，在股价处于一个循环周期的底部时大肆买入，在拉高价位后出货来赚取高额的差价。不同的是，中长线庄家不会急于出货，而是通过一次次的洗盘来获取更多的筹码，在拉高价位后出货获利。大量的股票抛售自然迫使股价暴跌，所以新股民朋友们要注意，如果股价在短时间内暴涨暴跌，背后很有可能有庄家的影子。如果能跟随庄家收货、出货，自然会收获颇丰。

坐庄的基本过程就是先拼命地将股抬高，或者同上市公司联系，通过送股等手段造成股价偏低的现象，在制造出足够的获利空间后出货，在此期间还会利用投资者抢反弹或者除权的机会连续不断地抛出以获取暴利，结果就是股价的暴跌。

2. 小道消息频出

新股民朋友们已经知道，股市内外有很多因素都会影响股票的走势，使股价或起或伏。神通广大的庄家往往会比散户提前知道影响股价的信息，他们可能会放出相反的信息，使股市流言四起、人心惶惶。股民们就会做出与真实信息相反的操作，这时庄家就可以从中谋利。

3. 个股走势反常

大盘即大势，大部分个股都会跟随大盘的走势。但是当庄家操控个股时，个股就会脱离大盘的控制，出现非常反常的起伏波动。

上证指数在2017年4月12日至2017年5月11日间，指数从3283.84下跌至3016.53，众个股低迷。但片仔癀（股票代码：600436）与众不同，在同一时间内股价不但没有下跌反而开始了上涨，股价从53.79元最高涨至59.50元。通常来说，与大盘走势相悖的个股身后都有庄家的身影（如图8-1、图8-2所示）。

图8-1　2016年12月至2017年7月上证指数的K线图

图8-2　2016年12月至2017年7月片仔癀的K线图

4. 成交量暴增

成交量往往能反映出股价的真实情况。没被庄家操盘的个股，成交量通常是逐渐增多或减少，所以，当一只个股成交量异常时，很有可能是庄家在操控。

宝钛股份（股票代码：600456）在2017年3月1日至4日成交量突然大幅度增长，股价也随之暴涨。从成交量的异常中可以看出这次股价的暴涨有庄家的影子。如果新股民朋友们可以提前发现庄家，随着庄家在低价时买入，在股价暴涨后卖出，相信一定收获颇丰（如图8-3所示）。

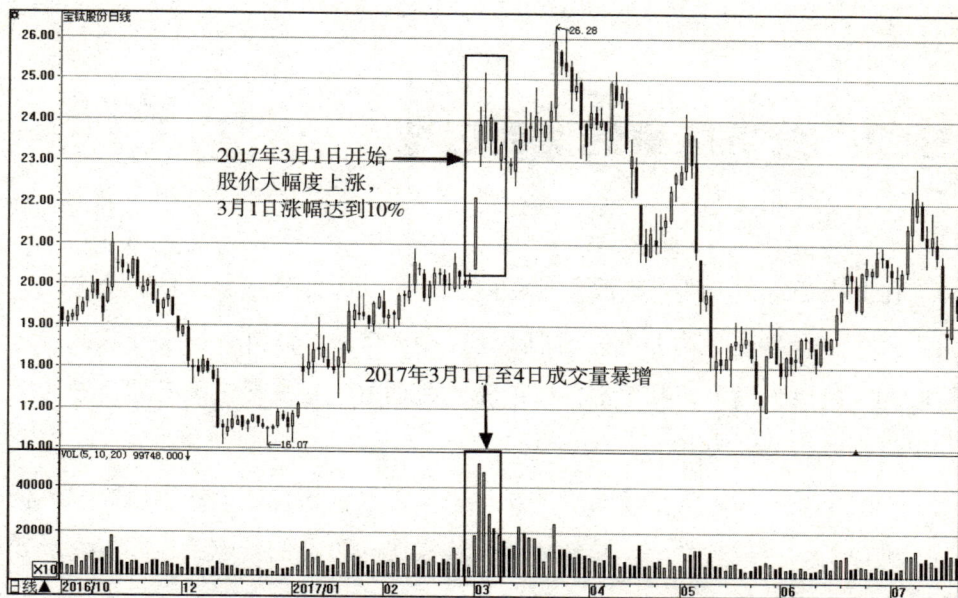

图8-3　2016年10月至2017年7月宝钛股份的K线图

其实庄家并没有我们想象中的那么神秘。由于自身实力强大，庄家一旦介入就像在平静的湖面上投下了一块巨石，巨浪滔天，让人无法忽视。新股民朋友们只要了解股市出现什么样的波澜时背后可能有庄家的身影，那么找到庄家、跟在庄家后面赚钱就变得容易多了。

8.2 分析庄家的活动区域

在股市中，并非所有个股都能被庄家操控。大部分庄家虽然资金充裕、实力强大，但与庞大的上市公司相比还是稍显单薄。此外，操控龙头股、蓝筹股的风险巨大而收益却不高，所以新股民朋友们在找寻庄家时建议把注意力集中到低市值的股票上。

相比于蓝筹股，低市值的股票显然更受庄家青睐。由于低市值股票体积小、价位低、可成长性高，常常成为短线操作的股民们重点关注的对象。如果再有实力雄厚的庄家加入，往往能使低市值的股票有巨额的涨幅，使庄家获利颇丰。

天域生态（股票代码：603717）是2017年3月新上市的一只股票，首发价仅为17.56元。该股发行后，股价直线攀升，涨势持续了近半个月，股价更是在2017年4月11日达到了49.38元的高峰。新股往往是庄家短线操控的首选，而有了庄家的介入，新股通常都会表现神勇，成为黑马股（如图8-4所示）。

无独有偶，常青股份（股票代码：603768）也是一只2017年上市的新股，它的股票走势更为典型。2017年3月24日首发价为19.58元，仅第一日涨幅就有20%，股价持续走高，一周后已经涨到了44.68元。但好景不长，2017年4月7日起该股股价开始大幅滑落，再不复前日之勇。无论是从常青股份的股票走势还是从震荡的成交量上都不难看出庄家的身影，这是庄家短线操作的标准方法（如图8-5所示）。

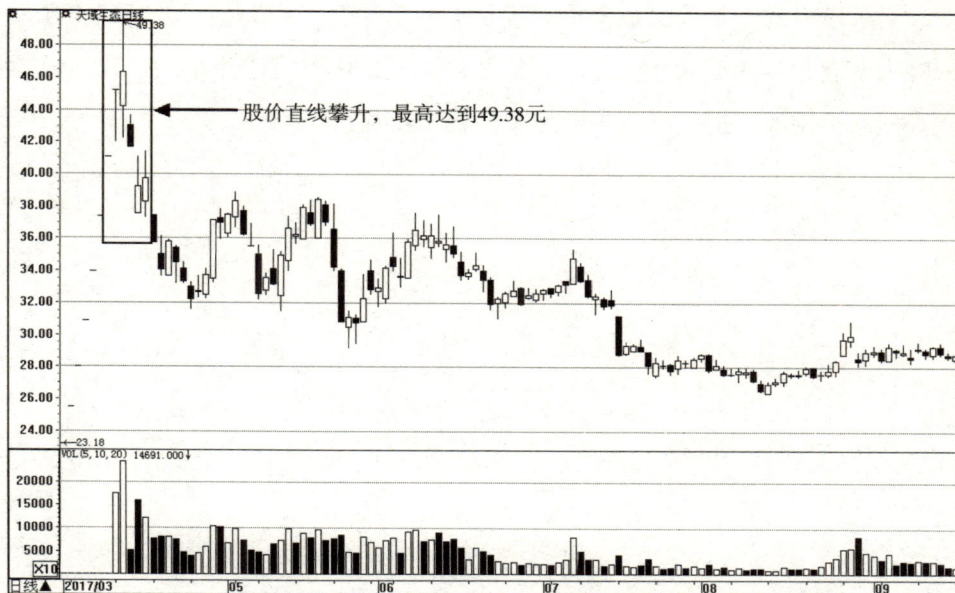

图8-4　2017年3月至9月天域生态的K线图

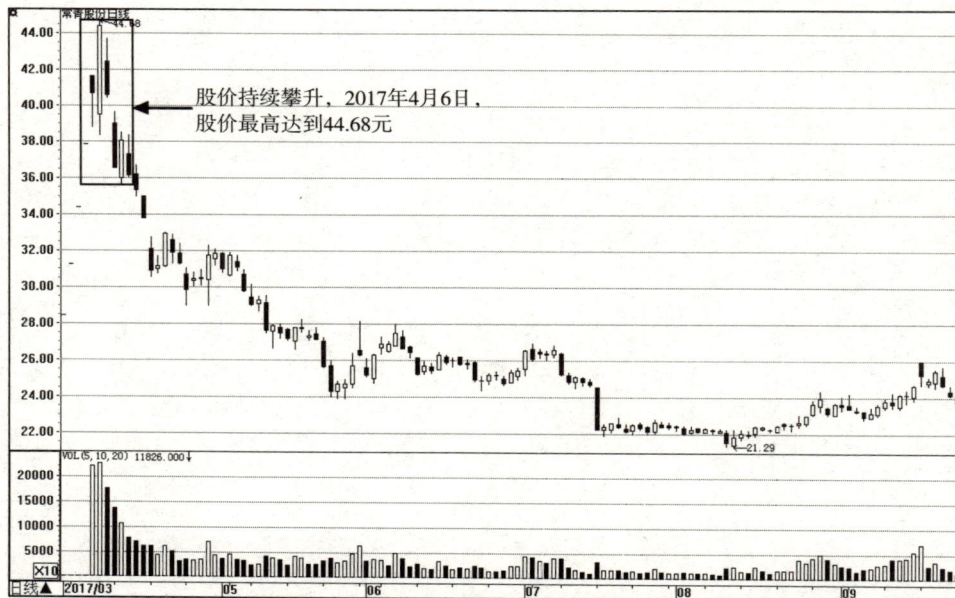

图8-5　2017年3月至9月常青股份的K线图

了解庄家对于新股民朋友们来说是十分重要的。如果忽视了庄家的强大影响力，就很容易受到损失。如果能在茫茫股市中察觉出庄家的存在，就能在大树底下乘凉，搭上赚钱的顺风车，轻松获利。

8.3　如何辨别庄家洗盘和出货

　　相信新股民朋友们已经了解到跟庄的巨大好处了，但找到庄家、跟随庄家买入只是获利的第一步，只有真正卖出获利才能算是一次成功的跟庄策略炒股。

　　庄家在操控个股时为了追求更高的利益，往往会通过洗盘的手段加大对股票的掌控度，方便股价进行更高的拉升。所以，新股民朋友们想要在跟庄时利益最大化，就一定要了解庄家洗盘和真正出货的区别。

　　出货很容易理解，就是庄家在股价高时卖出，套现获利。而洗盘则是通过打压股价来清理掉浮动筹码，使筹码更加集中，以便于操控股价向更高点攀升。

　　判断庄家是洗盘还是出货，可以观察以下几个方面。

1. 小道消息

　　通过小道消息来判断庄家意图应该是最简单的方法，当庄家洗盘时，会放出利空消息进行恐吓清场；而当庄家出货时，则会放出利好消息来吸引散户的关注。

2. K线图

　　相信K线图是所有新股民朋友们最熟悉的图表了，它也是判断庄家洗盘还是出货的得力助手。庄家洗盘时虽然会打压股价，但不会使股价真正落入谷底，因为股价过低时既不方便日后的拉升，也容易使所有持股者都失去信心。但庄家出货时则不会有这些顾虑，疯狂的出货往往会使股价一落千丈。

千禾味业（股票代码：603027）在2016年9月至2017年1月的K线图可谓庄家炒股的典范之作。在2016年9月26日该股跌至31.80元时开始吸货并拉升股价，经过近两月的上涨股价已经达到45.97元。随后持续打压股价，在2016年12月12日其股价已经下跌至37.90元，洗盘完成，股价开始再度上涨。股价的再次上涨吸引了越来越多投资者的注意，终于于2017年1月16日在股价达到49.88元时，庄家已经心满意足开始大量出货，该股的泡沫破碎，股价直落至谷底（如图8-6所示）。

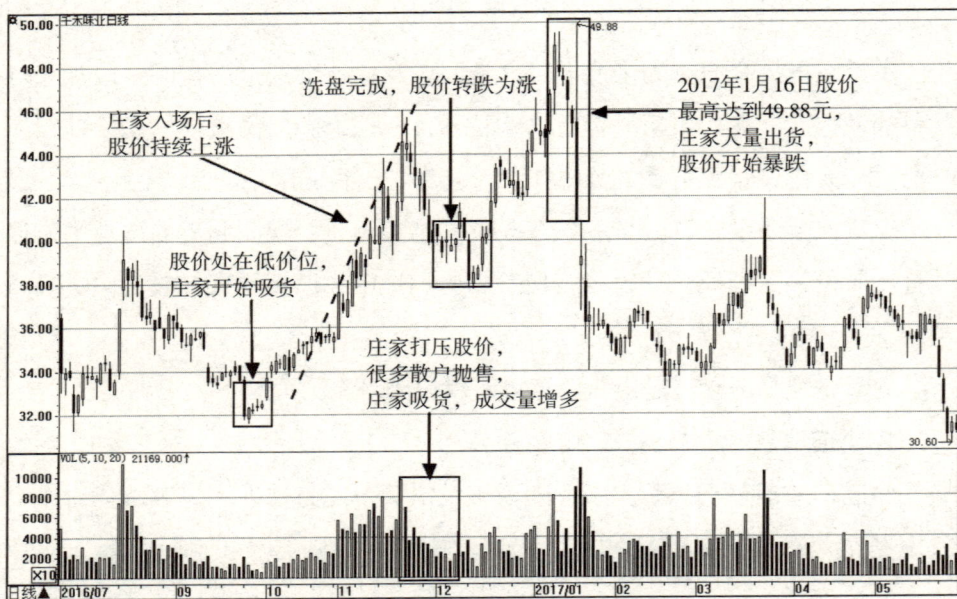

图8-6　2016年7月至2017年5月千禾味业的K线图

3. 成交量

所有股价的变化都离不开成交量，庄家在洗盘时只会拿出部分筹码操作，股价在跌，成交量也在下跌。庄家出货时则是成交量暴增，股价开始下跌。

4. 观察盘口

盘口可以显示出庄家所有的手段和想法。庄家想要洗盘时往往会挂出很大的卖单，营造出恐慌的气氛。而真正想要出货时，庄家绝不会大张旗鼓地大单出售，而是一边挂出大的买单来稳定局势，一边缓缓出货。

新股民朋友们在跟庄时既要胆大也要心细，一边分析庄家的心理，一边观察多方动向，才能从中获利，使庄家成为我们炒股的好帮手。

8.4 看懂庄家的"穿头破脚"

庄家不仅实力雄厚，而且手段繁多。庄家在操盘时为了达到目的，会制造出各种假象以求带动风向。不知情者往往会被玩弄于股掌之中，成为庄家的嫁衣，轻则丧失良机，重则损失惨重。

1. 庄家的伎俩——"穿头破脚"K线组合

我们首先为新股民朋友们介绍一个庄家最常制造出来的假象——"穿头破脚"。

"穿头破脚"是一种K线组合，指一条K线将前一条K线完全笼罩在内，而且两条K线颜色必须相反，出现这种情况往往代表股票的走势要发生改变。"穿头破脚"也有两种形态，当阳线完全笼罩前一条阴线时，代表股价将要上涨，被称为"穿头破脚阳包阴"。另外一种形态是当阴线完全笼罩前一条的阳线时，代表股价涨势将停，即将下跌，被称为"穿头破脚阴包阳"。

当个股K线图突然出现"穿头破脚阳包阴"时，很有可能是庄家为出货而制造的假象。K线出现这种组合，代表股价即将上涨，这样的信息无疑会吸引大量的投资者。投资者越来越多，股价自然也越来越高，当股价到达一定位置时庄家就会开始出货，从容撤离。

号百控股（股票代码：600640）在2017年8月股价平稳，但在8月9日出现了"穿头破脚阳包阴"的组合。随即众多投资者蜂拥而至，成交量激增，股价自然也水涨船高。但好景不长，在8月18日股价达到21.73元时庄家开始大量出货，这时很多股民还沉浸在赚钱的美梦中，却没想到在下一个交易日股价急转直下，庄家已悄然离去，但众多投资者已经被套牢，损失重大（如图8-7所示）。

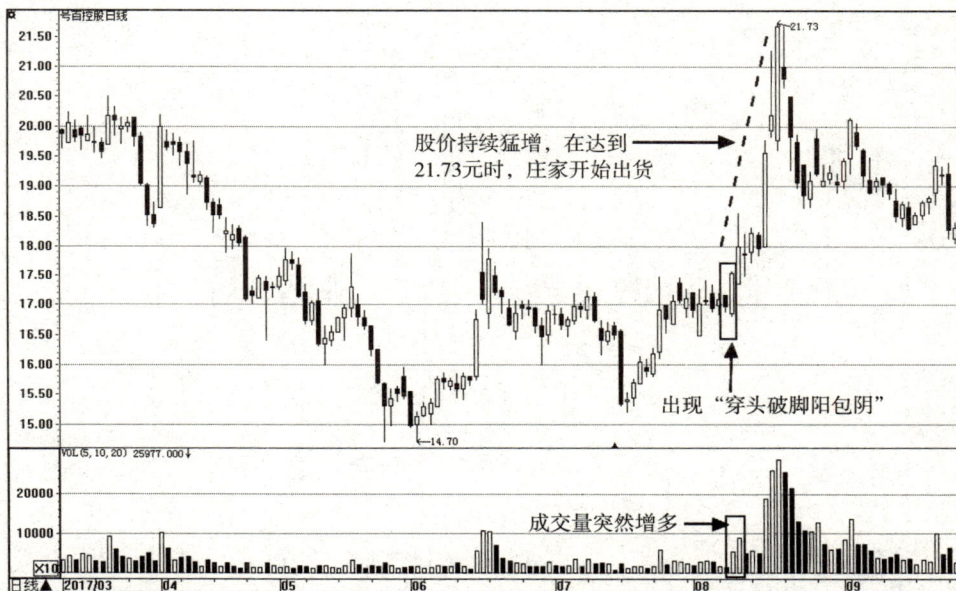

图8-7　2017年3月至9月号百控股的K线图

如果K线图突然出现"穿头破脚阴包阳"时，则很有可能是庄家为了洗盘而使用的手段。K线出现这种组合时会造成持股人的恐慌，认为股价会开始下跌，意志不坚定者则会开始清仓抛售。而突增的成交量会造成更多散户卖出，股价下跌，让庄家完成二次吸货，准备下一轮的拉升。

电子城（股票代码：600658）在2017年3月股价平稳增长时，27日莫名拉出"穿头破脚阴包阳"的K线组合。突如其来的景象让很多持股人开始动摇，一个又一个的清仓抛售仿佛瘟疫一般迅速传染，股价开始暴跌。但令人错愕的是，股价在短暂的下跌之后又开始了上涨，并且势头更猛。这时股民们才知道这只是一次庄家的洗盘手段，但悔之晚矣，只能看着本该属于自己的钱被庄家轻松装入口袋（如图8-8所示）。

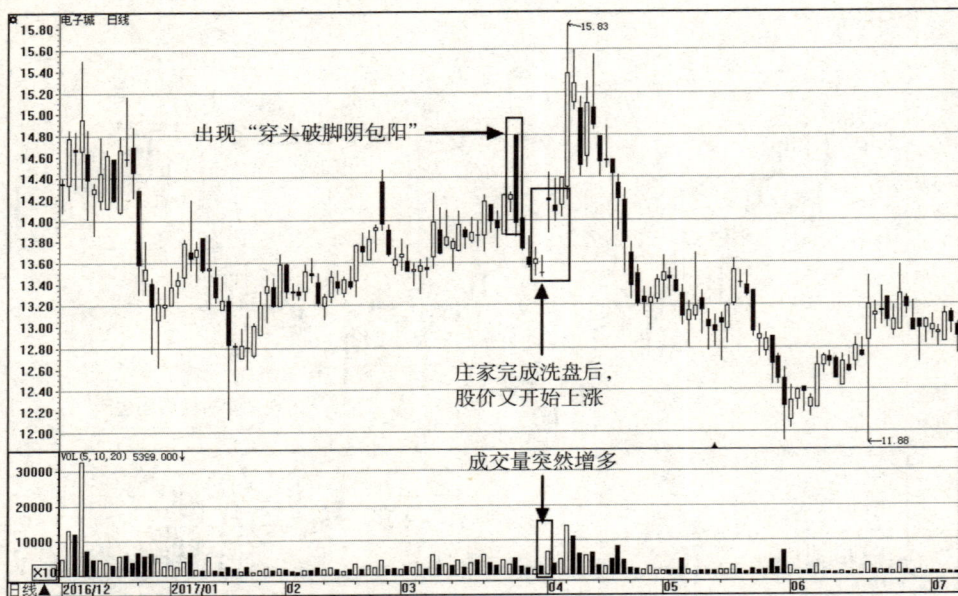

图8-8　2016年12月至2017年7月电子城的K线图

2. 针对庄家"穿头破脚"K线组合的对策

新股民朋友们在面对庄家时不只是实力不足，更重要的是没有丰富的经验。下面就给新股民朋友们总结一下，在面对庄家拉出"穿头破脚"组合时的对策。

（1）提前为个股的投资画出"防火带"，明确股价下跌或上涨至什么价位就要出售。炒股切不可贪得无厌或者有侥幸心理，要做到遇事不慌，心中有数。

（2）当出现"穿头破脚阳包阴"的组合时，不要直接跟风买入。要仔细观察之前个股的走势并结合大盘，分析是否是庄家想要出货所制造的假象。

（3）当出现"穿头破脚阴包阳"的组合时，不要心神不定，盲目地快速清仓。要结合成交量和之前走势等信息，分析是否可能是庄家的洗盘手段，如果得出肯定答案想放手一搏的话，可以选择坚定持股待变。

如果新股民朋友们在跟庄时出现了"穿头破脚"的K线组合，不要盲目跟风立即做出反应。要换位思考，站在庄家的角度判断局势，知己知彼方能百战不殆。

8.5　上压单和下托单

在庄家的众多手段中，制造"穿头破脚"等假象只是其中的一部分，有时候庄家会直接用其强大的实力强行控制股价的走势。新股民朋友们会发现，有时大盘会突然出现大买单或大卖单，让人摸不着头脑，其实这些都是庄家操盘时的手段。

在股市中，突然出现大量的委托卖盘挂单，被人们称为"上压单"，而突然出现大量的委托买盘挂单则称为"下托单"。无论是上压还是下托，都是庄家为了控制股价而使用的计谋，通过大买盘或大卖盘来影响众多投资者的判断和投资决定，从而实现庄家自己的利益需求。

1. 上压单

在股价持续上涨时，庄家为了暂停股价前进的步伐就会用出上压单。在股价达到这个大量卖单的价格时，只要上压单不被完全吃掉或者撤单，股价就会停滞在此。

水井坊（股票代码：600779）在2017年4月13日开局大好，股价持续攀升，涨幅最高已经达到5.62%。但股价过快地攀升显然不符合庄家的心意，在11点6分庄家抛出上压单。7535手的委卖量着实吓坏了众持股人，在如此大的手笔下，股价的上涨戛然而止，只能按照庄家的意愿平稳前行（如图8-9所示）。

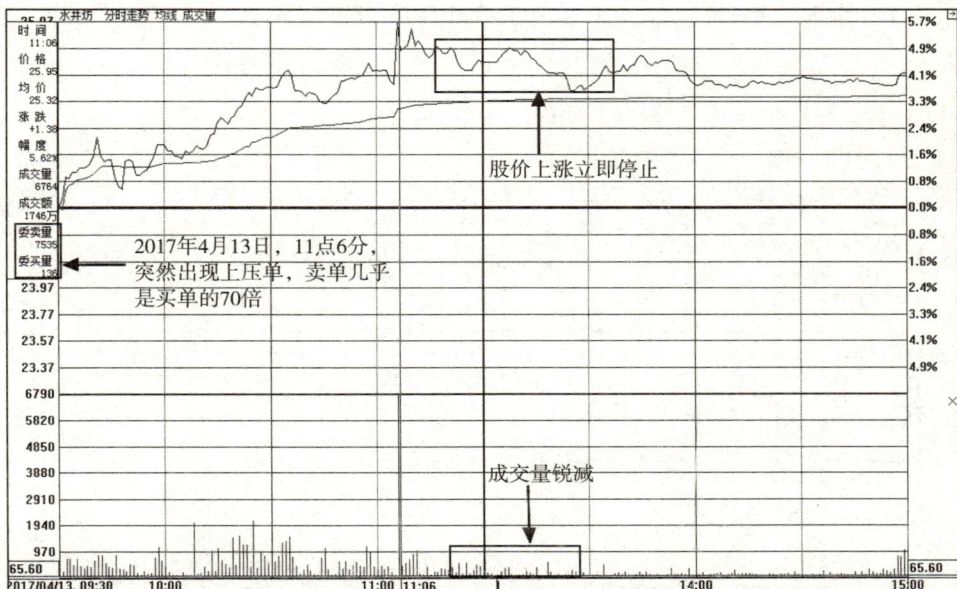

图8-9　2017年4月13日水井坊的分时走势示意图

新股民朋友们在遇到上压单的时候要明白,以庄家的强大实力,想要让股价停涨抛出上压单,依靠散户的力量是很难全部吃掉的。所以,除非庄家撤单,否则股价只能停滞不前。这时就要分析庄家的真实意图了,如果庄家撤销了上压单股价继续上涨,那么新股民朋友们可以考虑投资入手。如果上压单迟迟没有撤销,就有可能是庄家真的要出货了,股价很可能会开始大跌,建议先观望待变。

2. 下托单

和上压单正好相反,下托单的作用是庄家为了保护和拉升股价而使用的计策。庄家为了使股价不再下跌,会抛出大量的买单来抵消卖单,同时也是给散户们打入一剂强心针,股价往往能转跌为涨。

西藏城投（股票代码：600773）从2017年5月5日开始股价就在持续下跌，直到5月16日9时54分，庄家为了稳住股价抛出下托单。以3237手委买量成功托底，不仅遏制住了下跌的股价，还给了想要出售的散户们信心，股价转跌为涨并且开始持续攀升（如图8-10所示）。

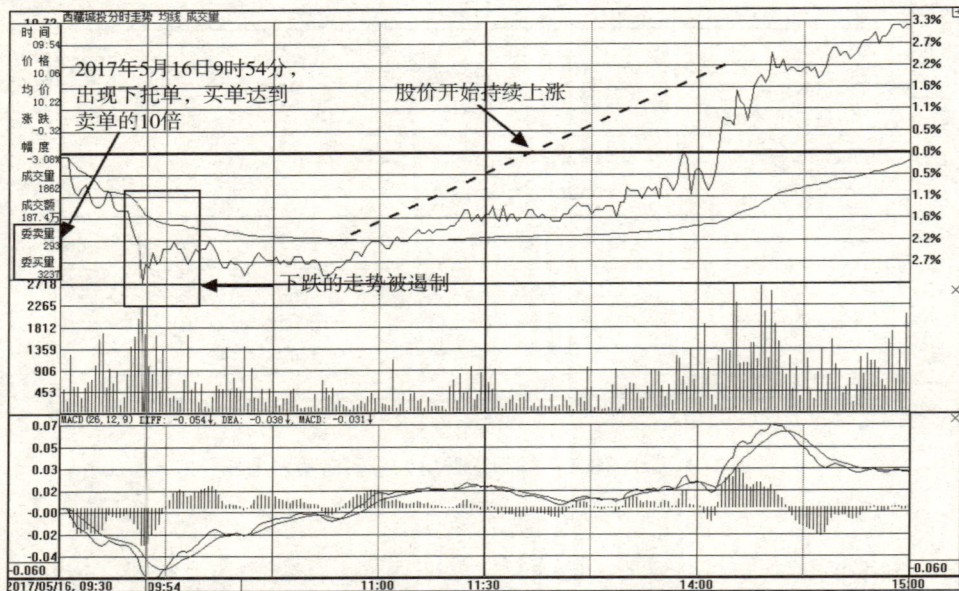

图8-10　2017年5月16日西藏城投的分时走势图

下托单的出现不代表散户可以高枕无忧，庄家只是以自身的利益操控股价，一旦庄家的目的达到，股价很可能还会有天翻地覆的改变。一旦下托单撤销，股价还可能会继续下跌，而且下托单很有可能是庄家放出的烟幕弹，洗盘才是其最终目的。

所以，无论是上压单还是下托单，都只是庄家为了达到目的所施用的手段而已，庄家不会顾及普通股民的利益。所以不管出现哪种情况，新股民朋友们都不能放松警惕，股价变化时会有机会也会有危险，只有分析出庄家的每一步棋背后的真实意图，才能占据先机，跟庄获利。

8.6　利用基金跟庄赚钱

现如今，证券基金无疑已经成为理财界的宠儿，近年来更是发展迅速。随着基金的实力越来越雄厚，其在股市中的地位自然也变得举足轻重，俨然已经成为一方巨头，影响着股票的走势。

在股市中，基金机构一般会依靠自己雄厚的资金将重仓股握在手中。当基金机构独自或抱团占有了一家上市公司相当高比重的股票时，基金机构自然在很大程度上可以影响甚至决定该公司股票的走势和发展。

对于新股民朋友们来说，跟随基金机构这样的庄家也是一个很好的选择。基金投资个股自然是认为有利可图，而且愿意持重仓股一定是信心满满，新股民朋友们如果能紧跟其后，应该也会大有所获。尤其是基金刚刚投资或增持一只股票时，一定有掌控局势的信心，这时跟庄的风险相对较小。

华帝股份（股票代码：002035）截至2017年第一季度末已有35.54%流通股被基金机构持有，比上年增持了8.55%。基金机构的继续增持无疑说明其更加看好华帝股份的发展，有了这样一个强援的加入，该股股价果然持续攀升。股价由2017年1月16日的24.08元飙升至4月20日的40.98元，基金可谓居功至伟（如图8-11所示）。

新股民朋友们想要跟着基金投资获利的话，不仅要对股票的走势进行分析研究，更要明白基金的投资思路，才能知道何时跟进、何时退出。而这些信息可以在基金的报表和投资的上市公司报表中一窥究竟（如表8-1所示）。

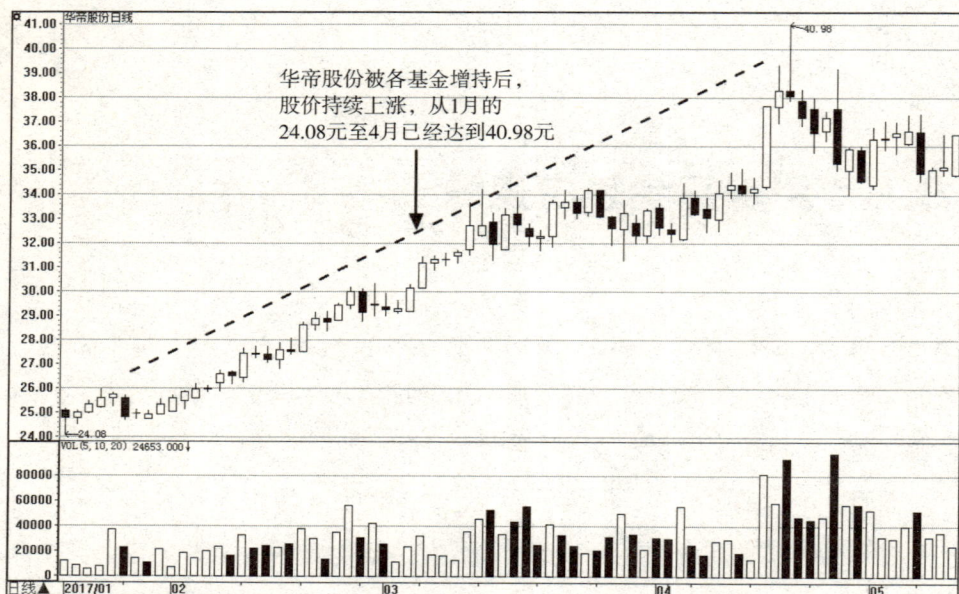

华帝股份被各基金增持后，
股价持续上涨，从1月的
24.08元至4月已经达到40.98元

图8-11　2017年1月至5月华帝股份的K线图

表8-1　2017年3月华帝股份十大股东排名

排名	股东名称	持股数量（股）	占总股本比例	与上期持股变化（股）
1	石河子奋进股权投资普通合伙企业	50 400 000	13.86%	0
2	潘叶江	36 217 598	9.96%	0
3	招商银行股份有限公司—富国低碳保混合型证券投资基金	17 810 053	4.9%	5 865 639
4	中国工商银行—汇添富成长售点混合型证券投资基金	13 088 900	3.6%	1 788 942
5	米林县联运投资有限公司	12 161 794	3.34%	0
6	杨建辉	9 407 391	2.59%	0
7	中国工商银行股份有限公司—富国新兴产业股票型证券投资基金	8 249 370	2.27%	8 429 370
8	中国银行股份有限公司—嘉实研究精选混合型证券投资基金	5 908 538	1.63%	0
9	潘权枝	5 215 965	1.43%	5 215 965
10	中国工商银行股份有限公司—汇添富民营活力混合型证券投资基金	5 202 188	1.43%	5 202 188

从华帝股份的案例中我们可以看出，在2017年第一季度，基金机构对该股进行了增持。基金并不是慈善机构，同样以赢利为最终目的。有如此的庞然大物在前面冲锋陷阵，新股民朋友们自然可以鼓起勇气跟庄投资。而华帝股份也没有让人们失望，2017年第一季度股票走势良好，股价不断上涨。

跟随基金进行投资确实是散户获利的捷径，但新股民朋友们必须清楚捷径中也常有陷阱、荆棘，绝不能因为跟了庄家就忘乎所以。和基金一起投资个股自然相当于搭上了这辆战车，但如果基金机构有了新的计划和构思，转动了方向盘，新股民朋友们因为大意而没有发现，就会南辕北辙，前功尽弃。

8.7　谨慎对待券商庄股

券商指的就是经营证券交易的公司，可以说，券商的发展史就基本等于庄股的历史。券商在最辉煌的时期，甚至可以于市场中翻手为云覆手为雨，极尽强势。

但有强大自然就有衰落，随着时间的推移，国家的政策对基金行业越来越友好，券商的地位开始逐渐下滑。生存环境日益恶劣，甚至有很多券商被接管，优胜劣汰适者生存，只有自身实力强大的券商才能继续维持下去。

新股民朋友们如果想要跟随券商庄股投资获利，首先一定要详细了解券商如今的情况。

自1996年中国证监会颁布《证券经营机构证券自营业务管理办法》以来，虽然对券商的资格、行为等方面都有了详细的规定，但效果并不明显。众多存在问题的券商被频频曝光，使越来越多的投资者对其失去信心。人们普遍认为，券商的不透明化会让投资者背负巨大的风险，只有券商的运营模式逐渐透明化，才能挽回投资者的心。

由于券商存在种种弊端，投资该类型股票的股民会承担一定的风险，而风险大小主要可从以下两个方面进行判断。

1. 公司基本面

一个公司的基本面要从财务状况、盈利状况、市场占有率、经营管理体制、人才构成等多个方面进行判断。如果投资者跟随券商投资了一家基本面很好的上市公司，那么风险相对较小，因为券商不会轻易减持；而如果券商介入了一家基本面不好的上市公司，建议新股民朋友们不要跟随，因为券商对这样的公司随时可能撤资，股民跟随风险巨大。

2. 虚假的股东信息

一只股票的筹码分布情况是分析走势时很重要的信息。但是很多券商持的重仓股发布出来的股东持股信息都是虚假的，这样会让人们做出错误的分析判断，从而使投资的风险变得更大。

新股民朋友们在跟庄炒股时一定要清楚自己跟随的庄家实力如何，还有跟随庄家的风险和收益是否能成正比。要知道，庄家也不是每一次操盘都会赢利，那作为跟庄者就更不可能保证稳赚不赔，投资前掌握庄家的情况，才能对投资的风险有所把控。

跟随不一样的庄家，新股民朋友们面对的风险也不一样，风险越大的投资我们就越要谨慎小心。而且，不要因为庄家的实力强大就"言听计从"。要记住，庄家只会对自己的利益负责，有时还会抛出烟幕弹来误导投资者。所以，时刻保持自己的判断十分重要，有时相信自己的判断也许会有更好的结果。

09 第9章 **寻找黄金
买卖点**

　　在股市中，每日都有无数股民因为错过买入时机而捶
胸顿足，或错过卖点而后悔莫及。新股民朋友们想在炒股
时抓住机会，避开风险而令利益最大化，最重要的就是找
对买点和卖点。要记住，没有不赚钱的股票，只有不懂得
何时投资的股民。

9.1 掌握买卖时机

在股市中，有无数的指标、理论和各种专家的分析预测，这些往往会让新股民朋友们感到无所适从，不知道该从何处入手。其实简单来说，炒股获利就是在对的时机买入，然后在对的时机卖出，仅此而已。下面就为新股民朋友们总结一下，股票处于何种状况是最佳的买卖时机。

1. 买入时机

（1）从总体形势来分析，如果大盘的指数上涨并突破了自身的瓶颈，就代表着即将迎来一段持续的上涨，正是良好的投资时机。

（2）庄家为了获取更高的利益，往往会在一只股票股价已经持续下跌多日，并且成交量也越来越小时进场吸货。随着庄家的到来，股价自然会转跌为涨，这时新股民朋友们就可以跟庄投资了。

（3）当一只股票的跌势被成功遏制，并且进入了涨势初期，同时成交量也随着股价上涨而增多时，新股民朋友们就可以考虑入手了，通常这种情况下涨势都会持续。

（4）当一只持续上涨的股票在没有突发事件干预的情况下突然暴跌，有可能是庄家在进行洗盘，可以考虑逢低买入，持股待变。

（5）如果一只长期走势良好的股票在高位时突然暴跌，即使跌势持续但该股潜力仍在，新股民朋友们可以考虑进场建仓，等待股价回升。

（6）股票处在低谷一段时间后突然开始连续上涨，代表该股已经积蓄了足够的力量奋起直追，这时正是买入的最佳时间。

（7）移动平均线先下降，经过一段时间的横向发展后，开始仰头向上，代表股价也会随之上涨，可以入手。

（8）股价处于低位开始向上攀升，同时在K线图中走出N字形或W字形时，新股民朋友们可以考虑买入。

（9）当短期移动平均线开始上扬并穿过长期移动平均线，形成黄金交叉时，可以选择买入。

2. 卖出时机

（1）一只股票在持续稳定上升时股价和成交量突然暴涨，极有可能是庄家在出货准备离场，股价随后会下跌，建议新股民朋友们迅速卖出，避免被套牢。

（2）当股价处于高位，但在K线图中却走出M字形或倒N字形时，预示着股价即将下跌，建议卖出。

（3）当一只股票已经在低谷徘徊了一段时间后，股价非但没有上升反而开始继续下跌时，代表该股可能在很长一段时间内都不会上涨，建议及时卖出，避免更大的损失。

（4）如果短期移动平均线向下发展，穿过长期移动平均线形成了死亡交叉，代表着股价即将开始下跌，新股民朋友们应该尽快卖出。

（5）当一只股票由于一段时间的良好走势吸引了越来越多的投资者时，应该考虑卖出。

（6）跟随庄家投资一只股票时，新股民朋友们要懂得见好就收，当涨幅在50%上下时就应该及时卖出。

没有不能赚钱的股票，只有不懂赚钱的股民。其实，所有的股票都可以赢利，就看投资者能不能在对的时间入场。了解股票的买入时机才能找到当下有潜力的股票，抓住投资获利的机会。

但懂得买入时机只是成功了一半，每个投资者的最终目的都是套现获利。只有在对的时间卖出，钱落入口袋，才能称为真正的投资成功。所以，新股民朋友们只有同时掌握买入时机和卖出时机，才能炒股成功，使收益达到最大化。

9.2　股票下跌时何时买入

　　没有一位股民愿意看到自己持有的股票陷入跌势，和正常出现的股价起伏不同，跌势代表着股价开始整体向下的走势。这种走势一旦形成可能会持续很久，使股民被套牢，利益受到损失。

　　股票一旦进入跌势，时间越长就会有越多的持股人信心动摇。当有一些持股人顶不住压力开始抛售股票时，跌势就会像瘟疫一般迅速蔓延，使股价进一步下跌，造成恶性循环，跌势更加难以挽回。但危机中常常隐藏着转机，股票在跌势中也有获利的机会。

　　下跌的股票往往都会受到庄家的关注，持股人纷纷抛售更给了庄家入场吸货的机会。当庄家手中的筹码足够时，就会拉升股价，所以即使是跌势中的阳线也可能是一个很好的投资机会。

　　中航电子（股票代码：600372）在2017年4月进入跌势，股价持续下跌一月有余，持股人纷纷抛售股票。但5月24日下跌的势头戛然而止，股价低开高走最终以一条长阳线画上了一天的句号。从24日后股价开始持续回升，新股民朋友们如果能抓住这个机会低价买入，一定会收获颇丰（如图9-1所示）。

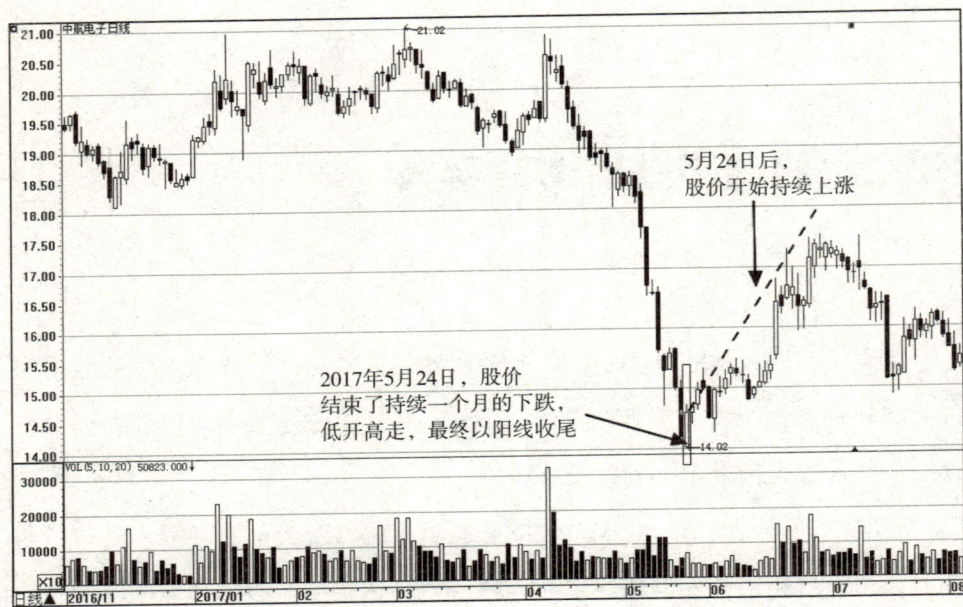

图9-1 2016年11月至2017年8月中航电子的K线图

在K线图中，预示股价跌势即将翻转的信号不只是低开高走长阳线。如果一只股票在底部时突然走出一条光头光脚大阳线，也是值得新股民朋友们关注分析的信号。

中铁工业（股票代码：600528）自2017年以来股价一直处在低谷，没有什么大的起色。但在2月9日成交量暴增，当日股价涨幅就达到9.99%，更形成了光头光脚大阳线，爆发力惊人。随后股价震荡上升，涨势持续了近两个月，股价达到了18.53元（如图9-2所示）。

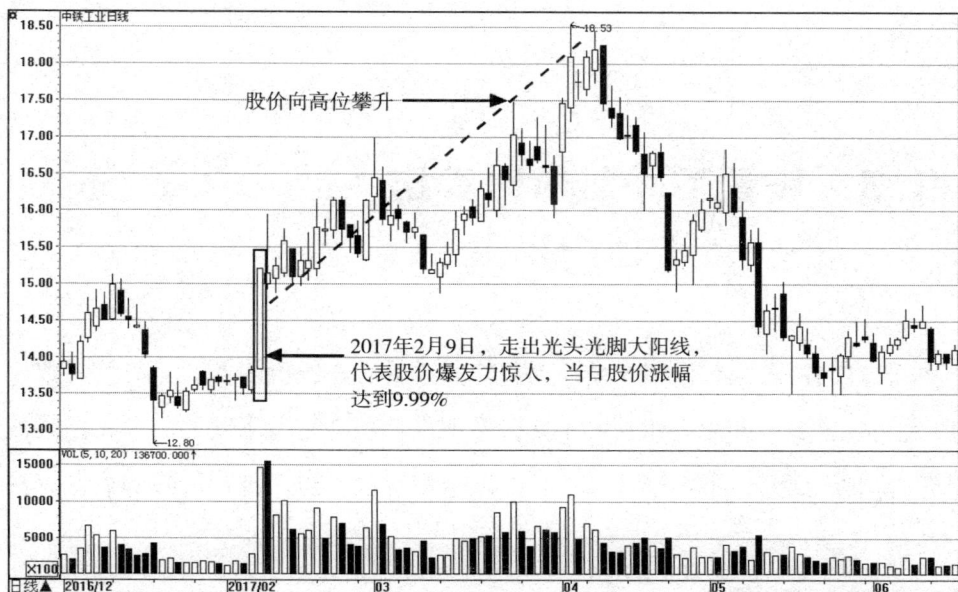

图9-2　2016年12月至2017年6月中铁工业的K线图

　　每只股票都会有起伏，没有一直处在涨势的股票，即使股价处在低谷，有潜力的股票在完成蓄力后依旧可以重回巅峰。所以，新股民朋友们不要把目光只放在上涨的股票上，下跌的股票一样存在许多获利的机会。

9.3 股票下跌时何时卖出

股价的每一次起伏都牵动着无数持股人的心，股价陷入跌势更使无数持股人战战兢兢、如履薄冰。如果新股民朋友们也持有了下跌的股票，与其被动等待股价回升，不如主动出击，在跌势中寻找卖点，把损失降到最低，甚至还有可能小赚一笔。

1. 连续跳空阴线

新股民朋友们持有的股票如果陷入了跌势，不要慌张，一定要冷静观察股价动向。一旦K线图中出现了连续的跳空阴线，不要慌张抛售，股价很可能即将反弹，而反弹时的高价点才是最好的卖出时机。

天目药业（股票代码：600671）在2016年11月末陷入跌势，持续下跌的股价使越来越多的持股人对该股失去信心，纷纷抛售股票，损失惨重。跌势持续到了2017年1月，11日和12日连续两天阴线跳空，这预示着股价很可能发生反弹。果然从1月19日开始，该股股价开始回升，股价从1月16日的24.06元到3月8日已经上涨至34.59元，此时就是最好的卖出时机（如图9-3所示）。

图9-3 2016年6月至2017年8月天目药业的K线图

2. 连续跳空阴线接阳线

当股票处在跌势时出现了连续跳空的阴线，后一个交易日走出有上影线的阳线，这时建议新股民朋友们尽快离场，逢高卖出。虽然出现连续跳空阴线股价可能会反弹，但从以往的经验来看，后面出现带上影线的阳线时，即使股价反弹，效果通常也不大，不如尽早离场。

上海石化（股票代码：600688）从2017年2月中旬开始股价持续下跌，但在3月2日和3月3日出现连续跳空阴线后的下一个交易日，股价有所回升并走出有上影线的阳线。这时新股民朋友们应该趁机出货减小损失，避免股价再次下跌而导致自己被套牢（如图9-4所示）。

图9-4　2016年8月至2017年3月上海石化的K线图

3. 连续出现三条相似阴线

当股票处于持续下跌的走势时，如果在K线图中连续三天收出大小相似的阴线，建议新股民朋友们尽快出货，因为股价可能短时间内都不会回升。与其苦苦等待股价回升，不如尽快撤出，开辟新的战场。

祥源文化（股票代码：600576）在2017年上半年陷入跌势，不断下跌的股价煎熬着众持股人的心。每个持股人都盼望着股价回升。从4月20日起连续三个交易日收出相似阴线，这代表着跌势还会持续，短期内股价很难回升。如果新股民朋友们持有的股票出现这样的K线组合，建议壮士断腕迅速卖出离场，以避免日后更大的损失（如图9-5所示）。

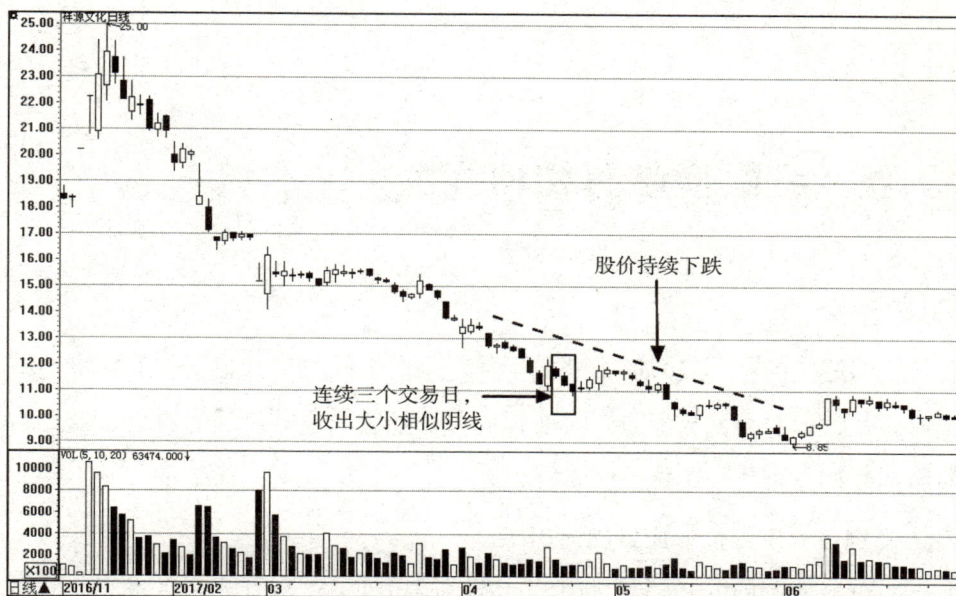

图9-5　2016年11月至2017年6月祥源文化的K线图

　　新股民朋友们在炒股的路上难免会遇到下跌的股票，这时切记不可孤注
一掷，把所有的希望都放在股价回升上。应该调整好心态，在最好的时机卖
出，将损失最小化，在失败中积累经验，在每个股民都要经历的"赔钱"这
堂课上交出最少的学费。

9.4　股票横盘时如何买卖

股票的走向并不是只有上涨和下跌，很多时候股价会走出一条横线，虽小有起伏，但总会回到原点。其实横向发展的股票也有获利的机会，就看新股民朋友们能否找到正确的买卖时机。

1. 横盘处于低位，庄家随时出手

新股民朋友们已经知道，庄家喜欢在股价处于低位时入场吸货，如果一只股票的横盘处于低位，就代表庄家随时都有可能介入改变走势。当庄家完成第一轮吸货后通常会压价洗盘，使更多持股人抛售来进行再次吸货，这时就是最佳的买入时机。等到庄家洗盘完成后就会拉升股价，新股民朋友们就可以坐收渔翁之利。

*ST沪科（股票代码：600608）在2016年6月8日成交量暴涨，平静的走势仿佛要被打破。显然，*ST沪科的低位股价引起了庄家的兴趣，庄家大肆吸货后开始了无情的洗盘，刚刚有所回升的股价又迅速走低，在6月22日股价一度被压至8.83元。如果新股民朋友们能够判断出这是庄家的洗盘行为，就会明白这时无疑是最佳的入场时机，随后持续上涨的股价就是对这次成功判断最好的奖励（如图9-6所示）。

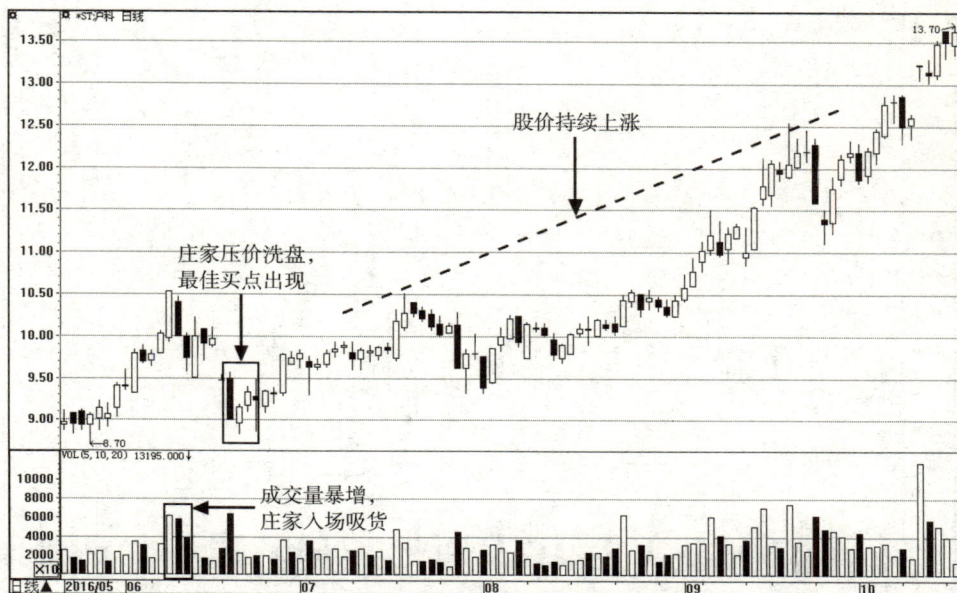

图9-6　2016年5月至10月*ST沪科的K线图

2. 稳步上升股

如果一只股票在横盘走势中其股价开始稳步上升，代表该股已经完成了蓄力，潜力巨大。如果新股民朋友们发现稳步上升股的成交量开始暴增时，就可以大胆买入了，出现这样的情况，通常股价都会持续上涨。

老凤祥（股票代码：600612）股价在2017年1月至4月一直处于横盘走势，但从4月20日起，接连几个交易日股价都大幅上涨，4月24日更是成交量暴增，横盘走势即将被打破。这正是最好的买入点，随后老凤祥股票一路走高，股价最高达到了49.37元（如图9-7所示）。

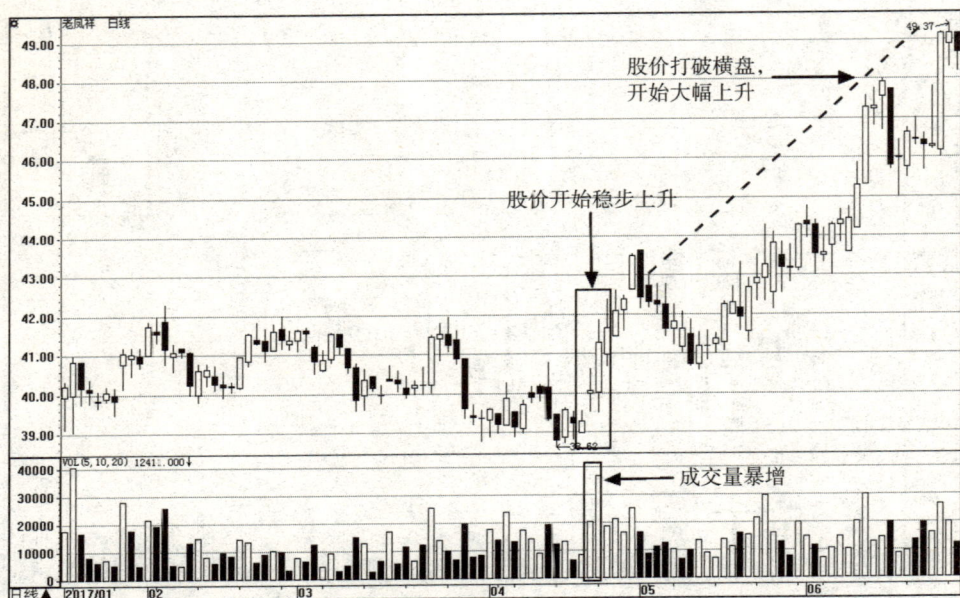

图9-7 2017年1月至6月老凤祥的K线图

　　处于横盘的股票一样有着很多的获利机会，无论是K线图中的走势还是成交量上的变化都会露出"蛛丝马迹"。新股民朋友们只要细心观察、冷静分析，就一定能找到最佳的买入时机，做到先人一步，实现获利最大化。

9.5 分时走势图中的买入时机

与能够总览股票走向的日K线图不同，分时走势图能够更加直观地呈现出股票一天内的起伏变化。相信新股民朋友们已经了解开盘、盘中和尾盘的重要性，下面就一起了解一下分时走势图中的买入时机。

1. 高开高走

高开指的是开盘价高于上一个交易日的收盘价，高走就是指股价继续上涨，多方力量强横。这样的走势通常代表了股价有巨大的上升潜力，当新股民朋友们在分时走势图中看到一只股票在高开高走时有短期回落的情况，就可以逢低买入，持股待涨。

澄星股份（股票代码：600078）在2017年7月19日可谓高开高走，高点的开盘价和上涨的态势给了无数投资者以信心，更是证明了该股的潜力。9时43分至9时54分的短暂回落给了新股民朋友们介入的最好时机。低价买入后就可以静等股价的上涨，澄星股份没有让投资者失望，最终以涨幅9.26%收盘（如图9-8所示）。

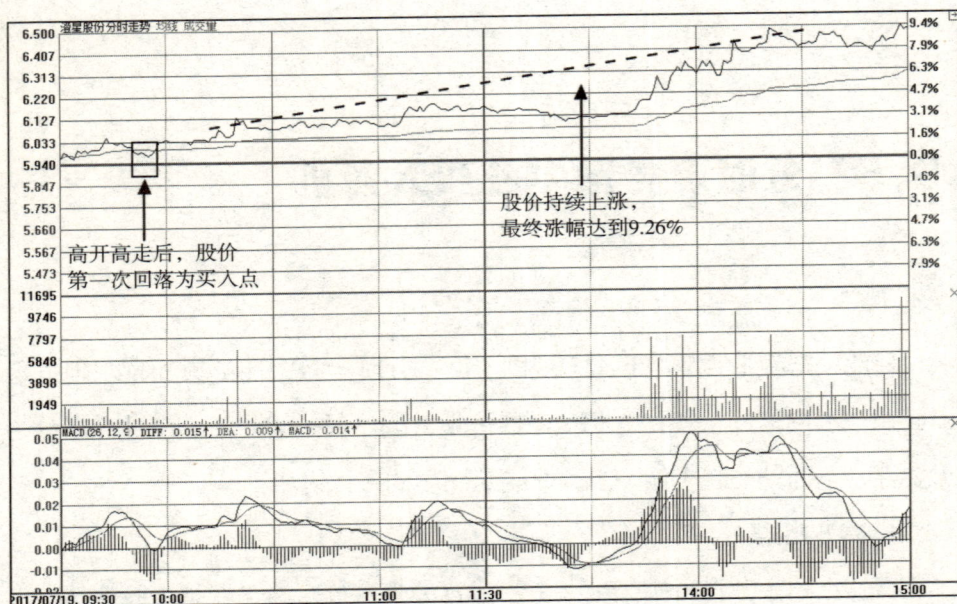

图9-8　2017年7月19日澄星股份的分时走势图

2. 低开高走

低开指的就是当日开盘价低于上一个交易日的收盘价，高走就是股价呈上涨态势。新股民朋友们要注意的是，一只低开的个股如果成交量暴增后股价高走，很有可能是庄家进行过洗盘，这时就是一个很好的跟庄获利机会，可以在股价突破上一个交易日的收盘价时买入，持股待涨。

特变电工（股票代码：600089）在2017年5月24日以低于前一个交易日的收盘价开局，但低迷并没有持续太长的时间。在9时55分后股价放量上涨，在10时17分突破了上一个交易日的收盘价，此时买点出现。经过一天的起伏，特变电工最终走出低谷，以1.37%的涨幅收局，这样的走势可以看出该股的潜力，新股民朋友们可以选择继续持有以待后续的上涨（如图9-9所示）。

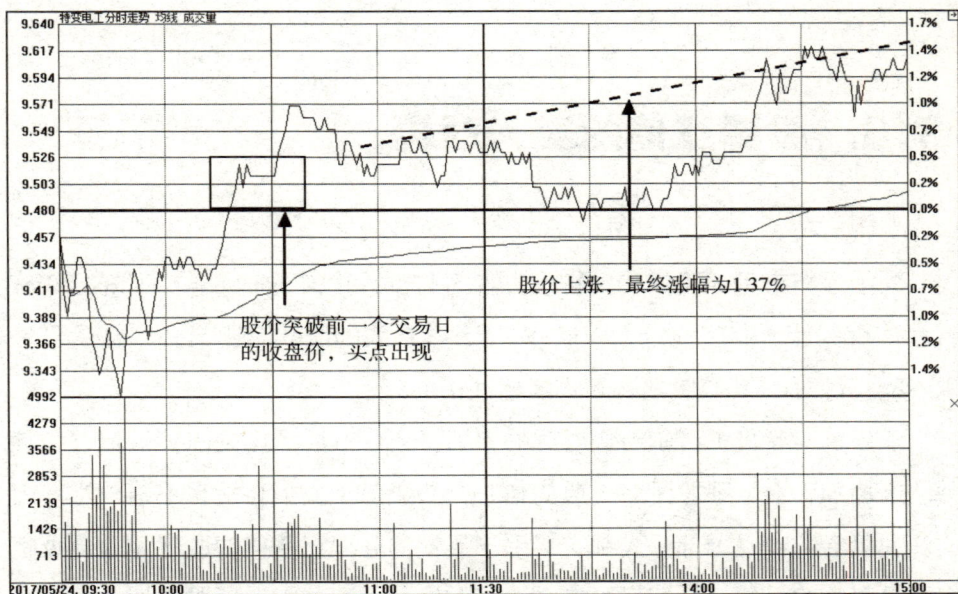

图9-9　2017年5月24日特变电工的分时走势图

　　新股民朋友们在分时走势图中可以看出个股很细微的走势变化，如果仔
细观察，配合相关知识和分析，相信可以轻易地找出买卖时机，从而获利。
但不要忘记，在任何情况下做判断都要结合各方面的信息、情报来进行，这
样才能更精准地投资。

9.6 股票涨停的买入时机

为了保持市场的稳定和保护投资者的利益，我国在1996年12月26日实施涨跌停板制度。制度规定，以S、ST、*ST开头的股票对比前一个交易日涨幅不能超过5%，其余股票涨幅不能超过10%。

涨停是所有投资者都希望看到的事情。当一只股票出现涨停的情况，其关注度增加，会增强股民对该股的信心，新股民朋友们自然也不能放过其中的获利机会。由于大部分人都有买涨不买跌的心理，涨停的股票无疑会吸引众多投资者的兴趣，后续很可能会继续上涨，一飞冲天。新股民朋友们投资入手这样的股票，风险也相对会小很多，那么即将涨停的股票何时是最佳的买入点呢？

投资涨停板的思路和平时有所不同，不需要刻意追求低价时的提前买入。一旦股票有涨停的倾向，就已经是身处高位，不存在低买一说，反而应该在股价即将涨停时买入，避免股票没有进入涨停而被高价套牢陷入被动，一旦股价下跌还会造成损失。

下面就给新股民朋友们介绍一下投资涨停股票的买入点。

（1）当股票处在不温不火的横盘走势一段时间后突然放量暴涨，这时就是很好的投资时机。因为股票在横盘时已经积蓄了足够的力量，一旦发力通常会有一段较长时间的上涨，如果新股民朋友们能在涨停前的瞬间买入，就可以安心等待后市的上涨了。

长春一东（股票代码：600148）在2016年下半年股价处于长期的横盘状

态，蓄势待发。终于在2017年1月初成交量出现明显的增加，股价上涨，更在1月9日进入了涨停。涨停的消息吸引了更多的投资者介入，股价开始大幅度上涨（如图9-10所示）。

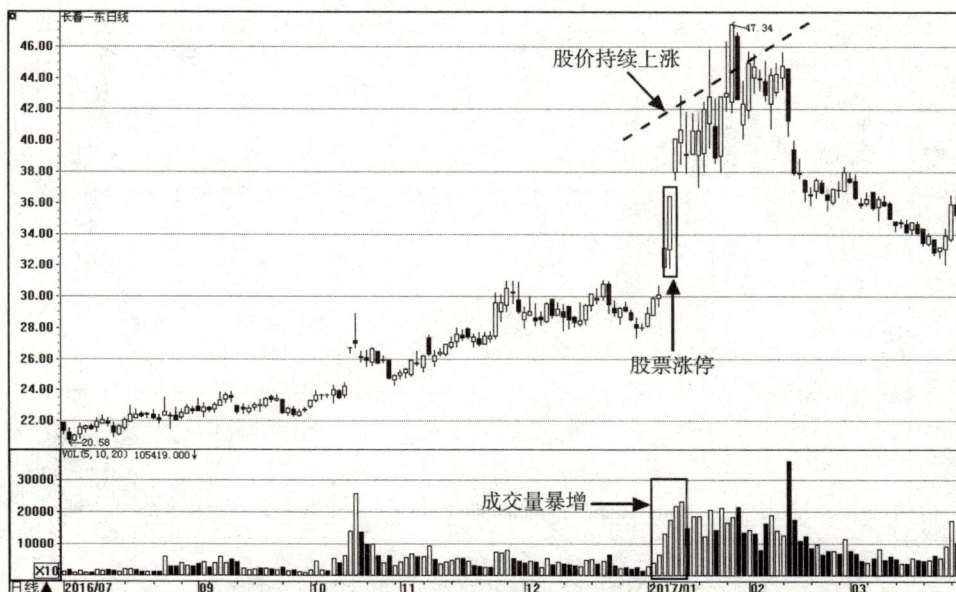

图9-10　2016年7月至2017年3月长春一东的K线图

（2）股价在跌停后的下一个交易日进入涨停，这时新股民朋友们可以借机买入。因为这很有可能是庄家已经完成了洗盘，开始拉升股价，后市应该还会有持续的上涨情况。

（3）当一只股票刚刚脱离低谷，在股价回升的过程中出现了涨停，而在下一个交易日还能高开，通常代表股价还会继续上涨，是一个很好的买入点。

华资实业（股票代码：600191）在2017年上半年持续跌势，终于在6月2日开始绝地反弹。股价缓缓回升，突然在7月17日爆发进入涨停，而在下一个交易日7月18日继续保持良好走势，高开高走。这种态势足以证明该股的上涨决心，是很好的买入时机，果然股价后续持续上涨（如图9-11所示）。

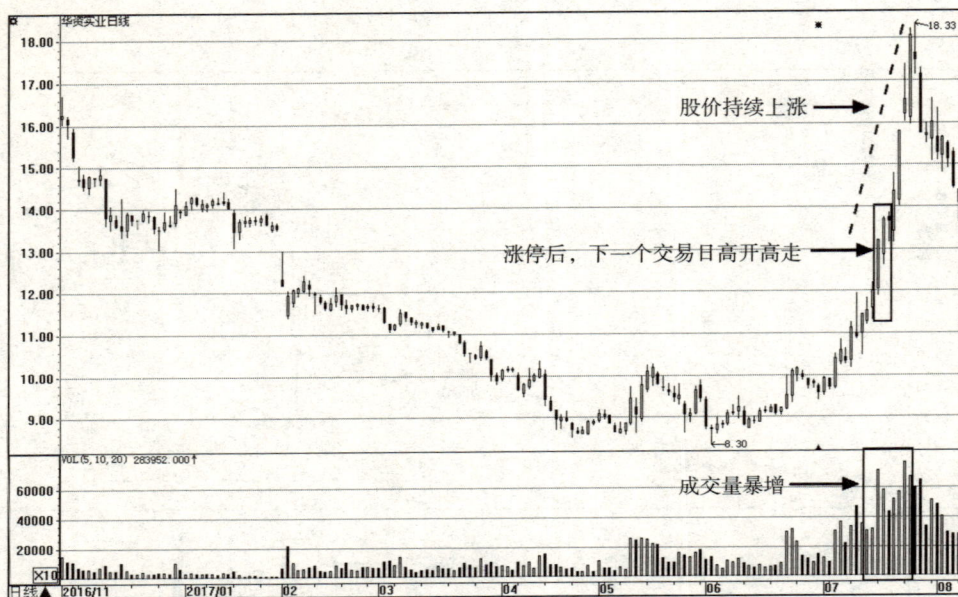

图9-11　2016年11月至2017年8月华资实业的K线图

（4）如果蓝筹股、龙头股出现涨停，更是绝佳的买入机会，因为这样的股票资金量大，不容易受人为操控的影响。这样的涨停可信度极高，可以确定股票的上涨走势，投资风险较低。

由于涨停的股票风险较低，所以非常适合新股民朋友们投资和学习。但很多涨停的股票可能是受到人为的操控，是庄家出货的前兆。所以新股民朋友们也不能放松警惕，要做到每次投资前都仔细观察，准确判断。

9.7　股票上涨时何时买入

如果个股的股价已经处于谷底，相信即使是初入股市的新股民朋友们也懂得趁机抄底买入，持股待涨。但等待跌势中的股票回暖往往需要很长的时间，如果能在涨势中找到买入点，就能迅速实现套现获利。

1. 涨势中的跳空阳线

当股价缓缓上升时突然出现跳空阳线，代表该股很可能会有一段大幅的上涨。如果新股民朋友们更加求稳，可以等到第三个交易日，如果该股继续高开高走，那么上涨的态势就基本确立，可以选择投资入手。

外运发展（股票代码：600270）2017年股价几经起伏后，终于在5月中旬进入涨势，开始平稳上涨。在6月5日出现跳空阳线，并且在下一个交易日依然高开高走以阳线收盘，预示着股价的大幅上涨。果然，此后涨势持续，股价对比低谷时的15.90元，8月21日时已经上涨至19.96元（如图9-12所示）。

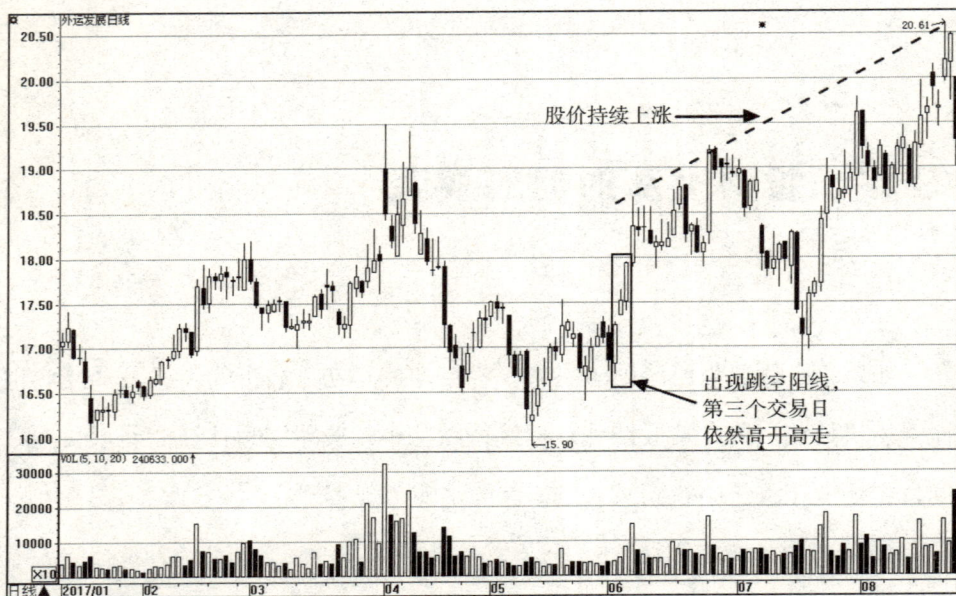

图9-12　2017年1月至8月外运发展的K线图

2. 连续阴线接阳

即使股票处于涨势，依然有可能出现正常的回落。如果一只股票在涨势中连续三个交易日以阴线收盘，在第四个交易日转为阳线，就预示着下一轮上涨的开始，新股民朋友们可以逢低买入，等待股价上涨。

西水股份（股票代码：600291）在经过很长一段时间的横盘后，于2017年5月初股价开始微微上涨，但在5月26日至6月2日连续四个交易日收出阴线，刚有所回升的股价仿佛要重新跌落谷底。但下一个交易日顶住了压力，最终以阳线收盘，坚定了持股人的信心，这是最佳的买入点，该股后续开始了持续的上涨。股价比起5月低谷时的13.81元，在7月26日最高已达38.42元（如图9-13所示）。

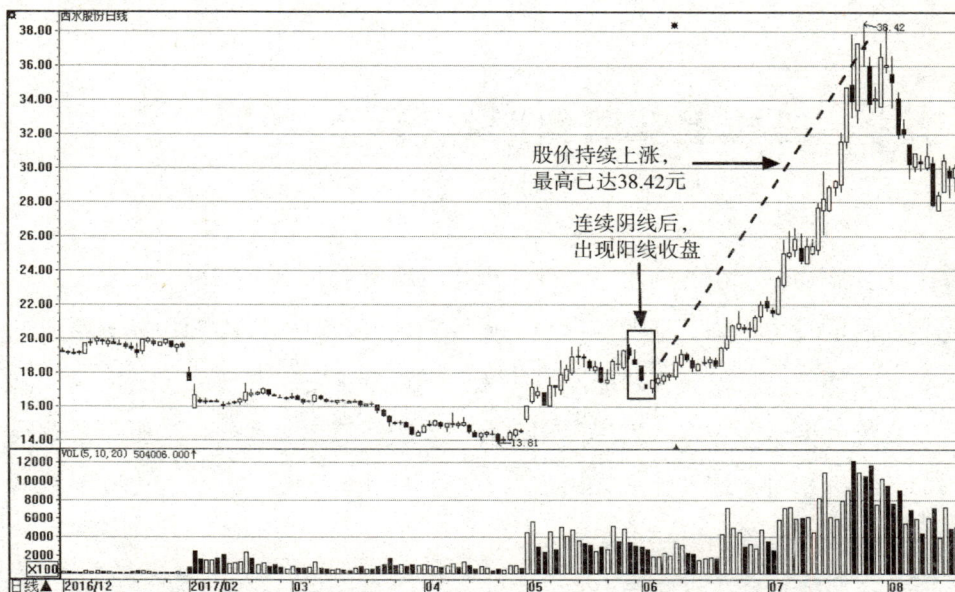

股价持续上涨，
最高已达38.42元

连续阴线后，
出现阳线收盘

图9-13　2016年12月至2017年8月西水股份的K线图

　　新股民朋友们想要在涨势中捞一桶金，就一定要细心观察K线图中的变化、组合，配合多方面的信息对后市进行判断。并且一定要保持冷静，给自己设置止损位，一旦投资失误、股价开始下跌，就要及时离场，以避免更大的损失。

9.8　股票上涨时何时卖出

想要成为股市中的高手，不仅要有丰富的经验和相关知识，更重要的是保持良好的投资心态。新股民朋友们要知道，炒股是一种长期的投资渠道，切记不要想着一步登天，赌徒性格往往会导致投资失败。

良好的投资心态意味着不仅能在股价下跌时忍痛迅速离场，更能够做到当股价在高位时见好就收。要知道，无论股价如何上涨，没有卖出套现就相当于没有获利，落袋才能真正为安。

下面我们总结一下涨势中的几个卖点，供新股民朋友们参考。

1. 阴线遮盖阳线

如果一只股票在涨势中突然出现大阴线并且完全覆盖住了前一个交易日的阳线，预示着股价即将转涨为跌。此时就是最佳的卖点，新股民朋友们应该趁高卖出，避免后市股价发生下跌而被套牢。

大东方（股票代码：600327）在2016年9月至2017年2月间股价一直处于高位涨势。持续上涨的股票自然吸引了众多股民的投资，但该股在2017年2月23日突然收出大阴线，并且完全覆盖住了前一个交易日的阳线。这是给持股人的警报信号，预示着股价将要转涨为跌，此时正是最佳卖点。后市股价的持续下跌也证明了这一次警报的准确性，如果新股民朋友们在发现警报后不愿离场，不仅会吐出之前的获利，甚至可能收不回本钱（如图9-14所示）。

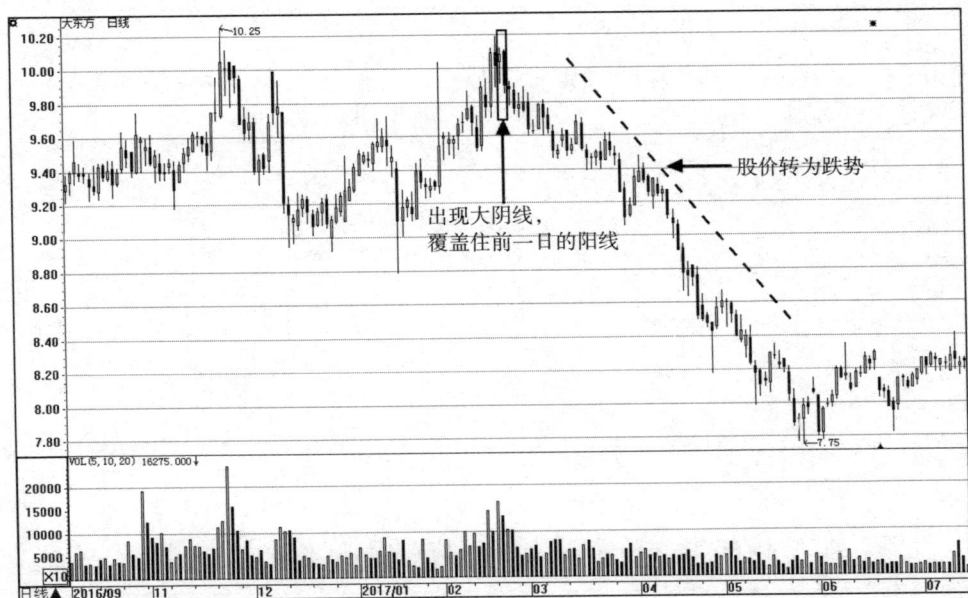

图9-14　2016年9月至2017年7月大东方的K线图

2. 阳线盖住阴线后低开

如果新股民朋友们持有的股票在涨势中出现一条大阳线，将前一个交易日的阴线完全覆盖，就一定要提高警惕紧盯后续走势。一旦股票在下一个交易日中出现低开的情况，预示着股价可能要开始持续下跌，此时新股民朋友们就要考虑出货离场，避免出现损失。

中航电子（股票代码：600372）在2016年10月至2017年4月都保持着稳定的涨势，在4月11日收出一条大阳线完全覆盖住了前一个交易日的阴线。本该使持股人欢喜雀跃，但没有想到在下一个交易日低开低走，并开始了持续的下跌，该股这一轮涨势宣告结束（如图9-15所示）。

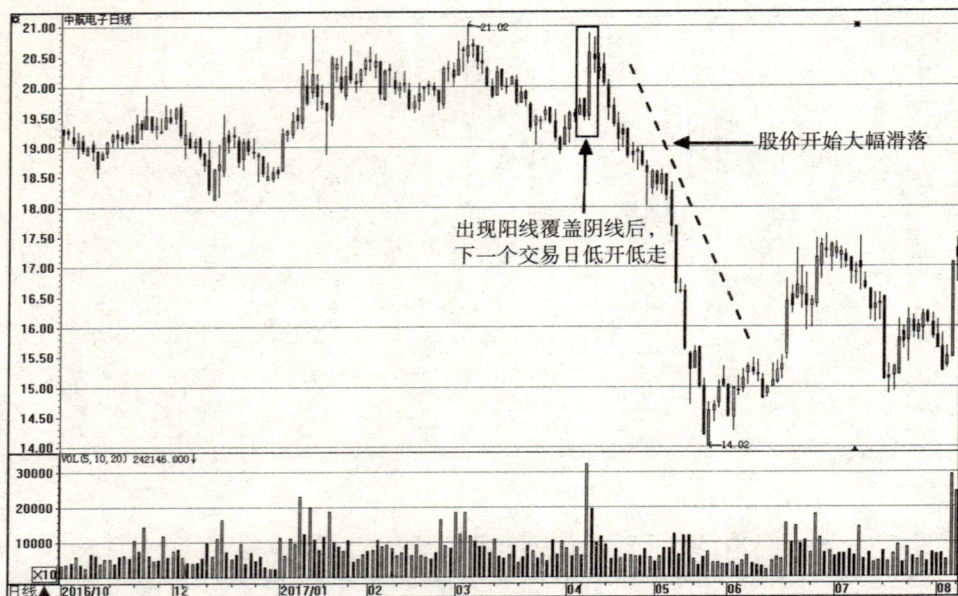

图9-15　2016年10月至2017年8月中航电子的K线图

3. 大阳生小阳

当一只处于涨势的股票收出的小阳线被前一个交易日的大阳线完全覆盖时，代表这一轮的涨势已经接近尾声，股价随时可能回落。如果新股民朋友们持有这样的股票，此时应该迅速卖出离场，不要贪求股价还会继续上涨。

*ST青松（股票代码：600425）在2016年下半年一直处于横盘状态，积攒力量。于2017年1月开始爆发，股价持续上涨，成交量激增，就在持股人还沉浸在涨势中时危机已经悄然临近。2017年3月28日该股收出的小阳线被前一个交易日的大阳线完全覆盖。随后股价在3月31暴跌，并且跌势持续，对比股价高峰时的8.25元，跌至6月13日只有可怜的2.94元（如图9-16所示）。

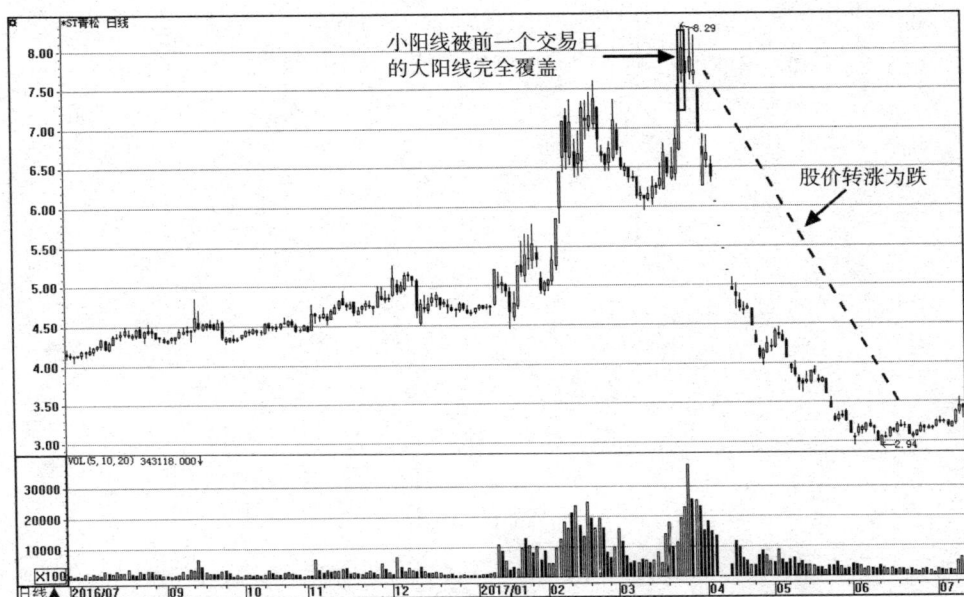

图9-16　2016年7月至2017年7月*ST青松的K线图

　　祸兮福之所倚，福兮祸之所伏。新股民朋友们在炒股这条路上一定要有一颗坚定不移的心，既不在跌势时灰心丧气，也不在涨势中乐而忘忧，这样才能越走越远。

第10章 防套与解套

新股民朋友们想要快速成为股市好手，如何解套则是其中的必修课之一。学会解套其实就是为自己的炒股生涯买一份保险，虽然这项技能不一定能让你获得巨额利润，但如果能融会贯通就足以保证本钱不会损失，随时有东山再起的资本，让我们先天就立于不败之地。

10.1 不被套才是王道

在股市中提起套牢一词，可谓谈虎色变。股票被套牢就代表着资金石沉大海，打捞起来的时间遥遥无期，更代表着这一次投资的失败，是股民最不愿意见到的事情。

任何炒股大师都不能保证自己的每一次投资都不会被套牢，更何况是初出茅庐的新股民朋友呢？所以，提前做好防范不让自己被套牢就成了新股民朋友们学习中的重中之重，下面就为大家介绍一下其中的方法。

1. 提前做出规划

新股民朋友们要在投资之前就做出规划，包括投入多少资金、股价达到多少就出货。不要没有目标，一味地期盼股价持续攀升，盲目地投资极容易被套牢。

2. 避免"一股孤行"

将所有鸡蛋装进一个篮子里一向是投资的大忌。炒股也一样，如果新股民朋友们把全部的资金都投入到一只股票中，无疑是在给自己的投资增加风险。要注意分散自己的投资方向，毕其功于一役的做法往往会满盘皆输。

3. 未料胜先料败

往往做好最坏的打算，事情才能向好的一面发展。新股民朋友们在投资前一定要计划好，一旦股票走势和自己的判断相背，股价下跌到多少就迅速离场。固执地等待股价回升只会让自己越套越深。

4. 先舍后得

新股民朋友们在分散投资、持有不同股票的同时，还要及时抛弃走势不好的股票。也许这些弱股会有翻身的一天，但被动等待并不是正确的炒股思路。只有懂得舍弃才能获得更多，这也是每个新股民都要经历的成长过程。

5. 放量比下跌更可怕

无论是处于涨势还是处于跌势的股票，股价的起伏都是正常的，但如果下跌的同时还有大量的成交量，新股民朋友们就不得不警惕了。这种情况的出现往往代表着庄家正在出货，股价很可能一泻千里。

6. 知足者常乐

持股后的下跌往往不是最让人懊恼的，上涨后没有及时卖出而股价开始回落才真正让人后悔莫及。炒股不能一蹴而就，股价上涨后及时卖出离场才是真正获利，贪心往往是套牢的最佳助力。

7. 拒绝风险股

在买股票之前一定要看看它的基本面如何，很多股民在考察一只股票时一旦看到了上涨的可能就忽略了它的缺点，等入市后发现问题已经悔之晚矣。所以新股民朋友们一旦发现股票的基本面不好，要尽快离场。

8. 冷静对待小道消息

股市中充斥着各种渠道放出的小道消息，这些消息真假难辨，鱼龙混杂，很容易影响新股民朋友自己原有的判断。小道消息中很多都是庄家为达到自身目的而放出的烟幕弹，只有自己经过全面分析得出的结论才更值得相信。

新股民朋友们如果能做到不被套牢，降低受损失的概率，也相当于增加了投资成功的概率，离获利套现的目标无疑更近了一步。

10.2　谨防多头圈套

下面给新股民朋友们着重介绍一种股市中最常见也是最难以防备的圈套——多头出货圈套。

其实多头出货圈套在前文中就已经提到过，是主力为了出货利用自身强大的实力拉升股价，同时放出各种利好消息，吸引投资者的关注。散户一旦进入这个圈套就相当于成了多头的炮灰，等到多头出货后一落千丈的股价会把高位买入的股民们牢牢套住，解套遥遥无期。下面就为新股民朋友们总结三点多头设下陷阱时股价会出现的反应。

（1）多头为了吸引投资者的注意，往往会抬高股价，利用自己的资金优势连续拉出大阳线甚至是跳空的阳线。并且还会通过各种渠道放出各种利好该股的小道消息，营造出股价会持续上涨的假象。这是多头想要出货最常用的手段，每个股民都知道。但贪心使然，依然有人会落入圈套。当新股民朋友们发现这种情况时一定要保持冷静，不能被外界消息所干扰，要避免盲目跟风。

（2）股价如果要有大的波澜，成交量的变化自然首当其冲。当多头设下陷阱后，成交量就会出现巨额的涨幅，借此来迷惑投资者，使投资者认为这是主力在疯狂吸货。殊不知当越来越多的投资者抱着这样的想法介入后，多头就可以大量出货，轻松离场了。

中信重工（股票代码：601608）在2016年11月至12月在K线图中走出了

一幅标准多头出货陷阱的景象。该股在2016年11月10日开始，股价持续上涨，在11月29日更是直接进入涨停，成交量也在疯狂增加，大批投资者入场。紧接着在11月30日股票最高价已经达到了该股半年来未触及的6.75元，此时多头已经心满意足地从容出货，随后股价开始持续下跌，一泻千里。如果新股民朋友们被假象冲昏了头脑盲目入市，注定会损失惨重，不知何时才能"逃出生天"（如图10-1所示）。

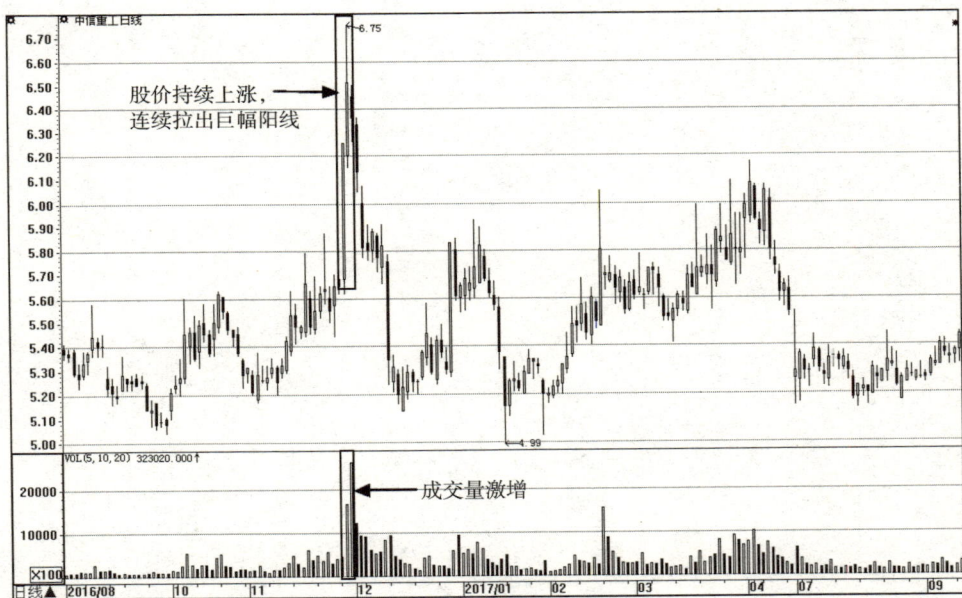

图10-1 2016年8月至2017年9月中信重工的K线图

（3）股价是不可能无缘无故暴涨的，多头设下的陷阱往往得不到大盘和宏观经济的支持。新股民朋友们如果发现一只股票突然大幅上涨，一定要先观察大盘的走向，再从宏观经济的角度判断该股是否有上涨的潜力，这样就能有效地避开多头的计谋，避免被套牢。

每个股民都想通过炒股来赚钱，这一点毋庸置疑。多头正是利用大多数股民贪心和跟风的心理请君入瓮。其实，新股民朋友们在炒股时只要能保持一颗平常心，保证每次投资前都经过全盘的分析，再加上对多头陷阱的了解，相信就可以使自己被套牢的概率大大降低。

10.3　换股解套法

　　常在河边走，哪有不湿鞋。即使有所防范，但在变幻莫测的股市中也难免会遇到股票被套牢的情况。所以，新股民朋友们学习一些解套的方法还是非常有必要的，在这里就先来介绍一种最常用的解套方式——换股解套法。

　　所谓换股，就是将手中亏损的股票换成能够上涨的股票，用第二只股票获得的利润来弥补前一只股票遭受的损失。其实换股解套的方法一样存在风险，如果换的股票走势良好，不仅能抵消被套牢股所带来的损失，还可能会有所收益。但如果换的股票走势依旧低迷，股价再次下跌，可能会使新股民朋友们损失更多的资金。所以说起换股解套，如何选股才能降低风险就成了重中之重，下面我们就给新股民朋友们总结一下换股的几个正确思路。

1. 冷静选股

　　换股不能求快，很多股民在股票被套牢后想要用换股的方法来解套，但是急于求成又选择了一只走弱的股票，使得损失加剧。在已经有了一次失败的投资后，换股就要更加慎重，不仅要对个股的走势进行分析，还要结合大盘和整体的市场形势进行判断选择，才有可能追回损失。

2. 争取一击即中

　　很多时候，被套牢的股民急于弥补损失，在换股后不能接受缓慢的收益，会进行第二次甚至第三次换股。这样的行为无疑是错误的，频繁地进行换股只会加大投资风险，同时还要缴纳更多的交易税，有悖于我们换股解套的初衷。所以，换股解套无须操之过急，找准机会一击即中才是王道。

3. 理清出发点

换股解套的目的是尽可能地通过第二次投资追回损失，在这个出发点下，选择蓝筹股或龙头股就成为最好的选择。尽可能地在强股处于低价位的时候入手，才是最理想的换股方法。很多个股的现状看起来很美好，但也有可能是主力抛出来的烟幕弹，盲目介入可能会再次被套牢，换股解套时求稳才是关键。

4. 更换题材股

题材股一直是人们追捧的对象，当有利好的消息传出后，无论消息真假，只要能够使一部分股民相信，相关股票都可能会有所上涨。根据这个特质，题材股就可以成为换股解套的一种选择。但股民们也要注意一旦热度过去，题材股可能会发生回落，所以选择题材股一定要找准买点和卖点。

2017年6月22日发改委宣布要降低物流成本，这则消息无疑是利好物流行业的。其中的龙头股铁龙物流（股票代码：600125）股价更是持续上涨，从5月24日的7.70元至8月29日已经达到14.76元，股价几乎翻了一倍。如果被套牢的朋友们换股时换的是这只股票，相信可以弥补亏损甚至有可能小赚一笔（如图10-2所示）。

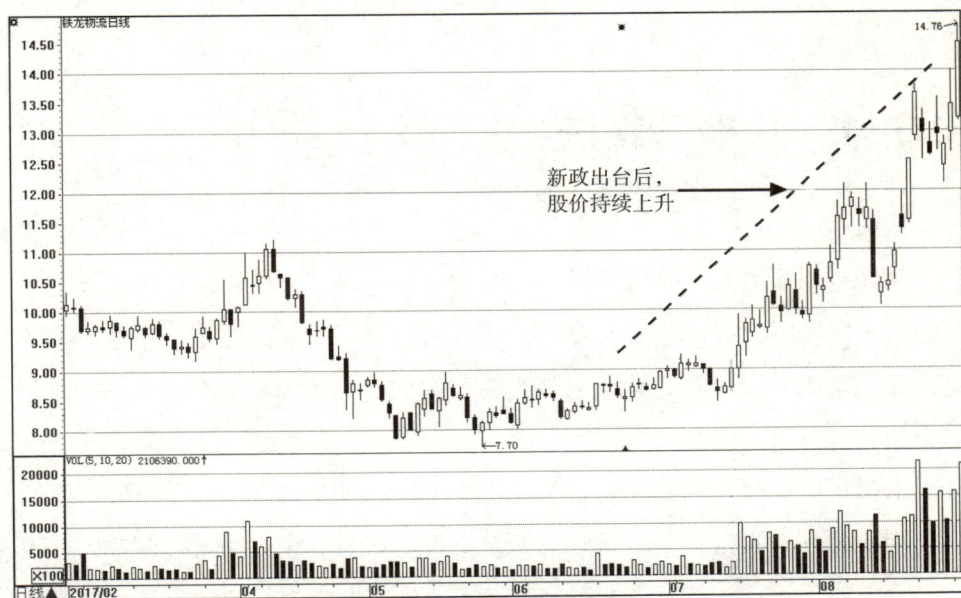

新政出台后，
股价持续上升

图10-2　2017年2月至8月铁龙物流K线图

　　换股解套法的优点和缺点都十分突出，所以使用时一定要做好充足的准备工作。希望新股民朋友们在用此法解套时能够找准时机，换对股票，一举解脱困境，甚至能获得利润。

10.4 止损解套法

被套牢与解套几乎是每个股民必经的成长之路，所以当新股民朋友们遇到被套牢的情况时没必要灰心丧气，找到适合自己的解决方法，总结经验才是更应该做的。在这里，我们为新股民朋友们再介绍一种解套方式——止损解套法。

止损是最直接有效的解套方法，也就是提前设置止损位，一旦股价下跌至止损位时立刻卖出离场。新股民朋友们可能认为这种方法太过简单，并不像上节所说的解套法甚至还能盈利。其实不然，要知道简单的方法通常都是最直接并且最有效的，而且并不是每个股民都能做到一旦股价到达止损位就能毫不犹豫迅速离场。这种方法考验的不是股民的经验、技术，而是在已经亏损时能否战胜心中那一丝股价会回升的妄想，能否有断尾求生、壮士断腕的决心，而这些素质正是每个投资人最需要的。有时，已经遭遇亏损的新股民朋友们在使用换股的解套法时难免会心浮气躁，更容易出现判断失误，止损解套法的优点就在于迅速和决绝，快速离场、调整心态才能再一次扬帆起航，进行下一次的征程。

大家都听过"温水煮青蛙"的理论，这个理论充分证明了设置止损位的重要性。"温水煮青蛙"来自于美国康奈尔大学一个科学家做的实验，他先把一只青蛙放入装有沸水的锅中，青蛙无法承受水的高温会直接从锅中跳出而获得了一线生机。但如果把青蛙放入装着冷水的锅中，青蛙则会安逸地畅游，然后慢慢将水加热，青蛙也渐渐变得烦躁，但由于可以忍受青蛙并不会跳出锅中，当水温已达到青蛙无法忍受的程度时青蛙却已经失去了跳跃的力量，最后死在了锅中。在股市中也是如此，如果新股民朋友们没有设置止损位，在股价下跌时没有迅速离场，一再抱着股价很快就会回升的奢望，就会像温水中的青蛙一样。随着股价越来越低，等到醒悟时才发现已经被深深套牢，更加失去了解套的勇气和能力。

止损解套法其实就像是在炒股时给自己设立一道防火墙，当股价触及防火墙时就会发出警报，而警报就是提醒我们离场的信号。当然，任何解套的方法都不是完美的，止损解套法同样有利有弊。优点则是在于它的快速与果断，能够直接解决问题停止后续的亏损，保证还有充足的资金进行接下来的投资。缺点就是一样有做空的风险，毕竟后市的股价变化谁都无法准确预测。

其实，止损解套法并不是一成不变的，止损位可以很灵活，随着股价的变化而变化。下面就为新股民朋友们介绍一下如何灵活搭建这道防火墙。

第一道防火墙建议设置为入手时股价的5%左右，如果入手后股价下跌5%警报响起，迅速卖出，果断离场。而如果入手后股价上涨，当股价上涨了5%时，我们就可以把第二道防火墙建立在开始入手的股价上，一旦股价回落至入手价就应该卖出离场了。通过这样的方法就可以很清楚地知道股价变化至什么位置时自己应该做出怎样的应对，防止了盲目等待、慢慢丢失自己的目标。需要提醒的是，防火墙建立的依据是股价的比例而非固定的数字，股价如果持续上涨，防火墙还要根据当前的股价来重新进行计算和搭建。

止损解套法和其他方法一样，都有它的局限性，并不是任何情况都适用。下面我们就来总结一下在什么情况下不宜使用。

1. 个股处于谷底时并不适用

当个股的股价已经处于自身的谷底，而背后的上市公司并没有出现什么变动，即基本面没有大的改变，这时止损解套法并不适用。

2. 个股在涨势中并不适用

当一只股票的整体走向是涨势时，设置防火墙不适用，因为即使是在涨势中股价依然会有短暂的回落，但整体的趋势是上涨的。一旦设置了防火墙中途卖出，很有可能会使新股民朋友们提前驶离获利的高速通道。

3. 个股被操控时不宜使用

新股民朋友们已经知道，当庄家介入一只股票后，股价会跌宕起伏变化极大，这时止损解套法也不适用。因为庄家为了加强对个股的掌控力和为了获得更多的利益，往往在出货前会有洗盘的行为。在庄家洗盘时股价会大跌，但等到洗盘结束庄家就会拉升股价开始出货，如果这时设置了防火墙，在洗盘阶段就卖出退场无疑是丧失了一次跟庄获利的大好机会。

止损解套法并不复杂更不高深，却需要新股民朋友们有大毅力、大智慧，克服自己的弱点，这都是常人很难做到的事情。但这也是投资获利、成为万千股民中的佼佼者的必要条件。不因股价的上涨而忘乎所以，更不因股价的下跌而垂头丧气，敢于断尾求生、壮士断腕，才能卷土重来。

10.5　补仓解套法

新股民朋友由于经验还不够丰富，掌握的技术、知识也有所不足，并且还没有通过足够多的成功投资而建立起炒股的自信心，所以投资时难免不够果断，容易选错股或者错过了投资的最好时机。股票被套牢是每个股民都不愿意见到的事情，但不得不承认这也是股市中稀松平常的事情。所以被套牢并不是一件多么可怕的事情，努力找寻适合的解套方法才有利于成长。

如果新股民朋友们购买的股票已经被套牢，并且由于下跌速度太快，当反应过来时换股的方法已经很难弥补损失、割肉的方法又大伤元气时，就需要另外一种方法来解套。接下来，就为新股民朋友们介绍一种解套方法——补仓解套法。

补仓解套法就是不给自己留后路，如果股票被套牢，有时反而可以在股价下跌后进行补仓。在股价低落时补仓等于变相降低了手中被套牢股票的买入价格，等到股价有所回升，即使没有涨回至第一次入手时的价位，但有可能补仓后的盈利就可以弥补亏损，这也是一种解套的方法。但需要注意的是，相比于换股和割肉的解套方法，补仓更为被动，并且也存在很大的风险，一旦补仓后股价继续下跌很有可能造成二次套牢，新股民朋友们一定要三思而后行。

为了降低这种解套方法的风险，下面我们就为新股民朋友们介绍一下补仓解套法这样比较极端的解套方式在操作中有哪些忌讳。

1. 大盘处于下跌中不要使用

新股民朋友们都知道，大盘的走势直接决定着大部分个股的命运。当大盘整体下跌时，再坚挺的个股都很难有上涨的情况出现，此时补仓是在逆势而为，违背了大势自然会让自己遍体鳞伤。

2. 谨慎对待反弹

如果大盘处于下跌的形势中，个股的股价在低处突然回升，这时不要急于补仓。因为个股很难违背大势的意愿，回升可能只是强弩之末、回光返照罢了。如果新股民朋友们在此时补仓，很可能会被套得更加牢固。

3. 熊市初期、中期不能使用

当股市处于熊市时，补仓就像是一步步走入深渊，使自己更加无法自拔，但并不是说熊市绝对不能补仓。其实补仓最好的时机就是在熊市末期，熊市一旦结束股价通常都会有很大的回升，便于解套。可以说熊市的初期和中期是对股民最大的摧残，但熊市末期又留下了一丝生机，这时亡羊补牢，为时未晚。

4. 切勿进行多次补仓

补仓已经是补仓解套法做最后一搏的行为，多次补仓更会加大解套的风险，使解套变成了走钢丝，一点点风吹草动就会满盘皆输。

补仓这样破釜沉舟的解套方式多少透露出一丝惨烈的味道，但股市中就是如此。股市如战场，被套牢就像是自己的部队被敌人包围，能否突出重围不仅要靠计谋，还需要一种拼命三郎的精神才有可能虎口逃生。

10.6 捂股解套法

前文中已经多次和新股民朋友们说过，无论持有的股票股价涨到多高，只要没有卖出就还不是真的赚，不要高兴得太早。同样的，股票被套牢时，无论股价跌到多低，只要没有卖出也就不是真的赔，还要抱有希望。最后给新股民朋友们介绍的解套方法叫作"捂股解套法"。

捂股解套法也就是指不采取任何措施，静等股价的回升，这种做法无疑是最被动的。可能很多新股民朋友们会认为被动等待不属于解套的方式，其实不然，当自己持有的股票被套牢时能做到处之泰然、安心等待也是一件十分困难的事情，有时候没有行动恰恰就是最好的行动。

捂股解套法有其可取之处，优点就在于可以节省持股人很多的精力，便于对其他个股更好地观察与投资，而且方法十分简单，不需要额外的操作。但缺点也十分明显，这笔资金可能会在很长一段时间内都处于无法调动的情况，并且并不是每只股票在短时间内股价都能有所回升，也许这只股票会从此一蹶不振，长期处于低谷。

精伦电子（股票代码：600355）股价在2016年9月开始持续上升，在2016年11月8日股价已达到12.13元。随后股价开始回落，但没有想到的是精伦电子从此一蹶不振，下跌不断持续，到2017年4月26日股价已经跌至7.94元，并且直到7月都没有丝毫回升的迹象。股票呈现这样的走势，如果持股人静等股价的回升，这笔资金就像掉进了无底深渊，不知何时才能重见天日（如图10-3所示）。

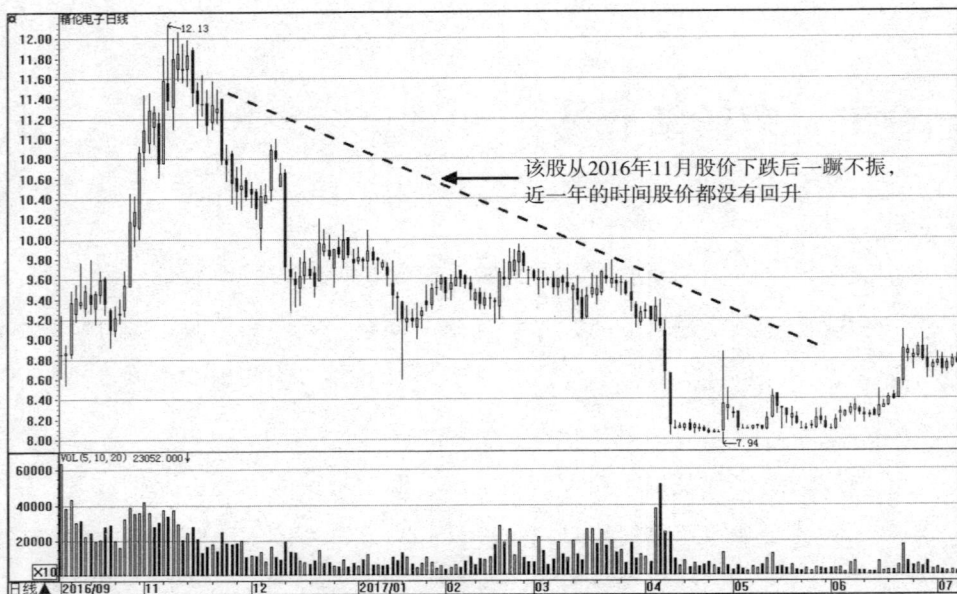

该股从2016年11月股价下跌后一蹶不振，近一年的时间股价都没有回升

图10-3　2016年9月至2017年7月精伦电子的K线图

捂股解套法要根据大盘的走势和个股的具体情况进行，下面我们介绍一下使用此法的注意事项。

1. 守在股价底部

使用等待的方法解套，最好是判断出该股已经或者接近于股价底部，否则跌势可能还会持续，解套更是遥遥无期。

2. 守在熊市见底时

在熊市中，如果新股民朋友们想用此法解套，就只能用在熊市见底时。如果处在熊市的初期和中期，捂股等待的时间过于长久，不利于后续的投资进程。

3. 守住优势股

等待股价回升，首先要保证手里持的股有上涨的潜力。比如上市公司有强大的实力，或者该行业受到重视、有国家政策的利好等，守住一只有潜力的股票，相信可以很快解套离场。

新股民朋友们在使用任何一种解套方法时都要根据具体的情况和所处的大环境进行选择，因地制宜才能有逃出生天的可能。如果奢望用一服药治百种病，往往会使自己被套得更牢、损失更大。

第 11 章

**11 从零开始
学炒股软件**

　　工欲善其事，必先利其器，在股市中也是如此。学会
使用炒股软件，并在其中找到适合自己的那一款，那无疑
是如虎添翼，可以为新股民朋友们日后的炒股生活提供
更多的便利，节省更多的时间和精力。本章就为新股民
朋友们介绍几款受到投资者们喜爱和信任的炒股软件，
希望新股民朋友们可以找到自己在未来炒股生活中的得
力助手。

11.1　市场上常见的炒股软件

新股民朋友们在进入股市时，不仅要有充足的理论知识和良好的投资心态，还需要一个有力的软件助手。现在市场上有着众多的炒股软件，很容易使我们挑花了眼。下面就让我们简单了解一下常见的几种炒股软件。

1. 大智慧股票行情软件

大智慧股票软件是一款可以显示证券行情、行情分析、外汇及期货信息，并同时进行信息即时接收的炒股软件。该软件由上海大智慧网络技术有限公司开发，受到广大股民的信赖和喜爱，也是我国投资者使用人数最多的炒股软件（本文所引用的大智慧股票软件的版本为：V8.17.00.16530）（如图11-1所示）。

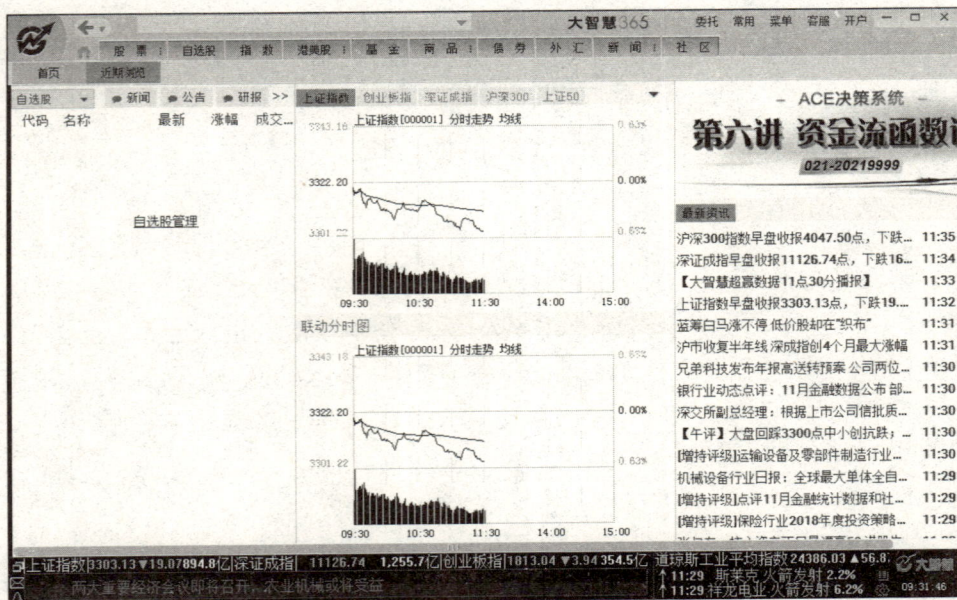

图11-1　大智慧软件页面示意图

2. 钱龙旗舰版证券行情软件

钱龙旗舰版证券行情软件属于上海乾隆高科技有限公司、上海乾隆网络科技有限公司。该软件创建于1994年，多年来在我国积累了大量的用户和不俗的口碑。（如图11-2所示）。

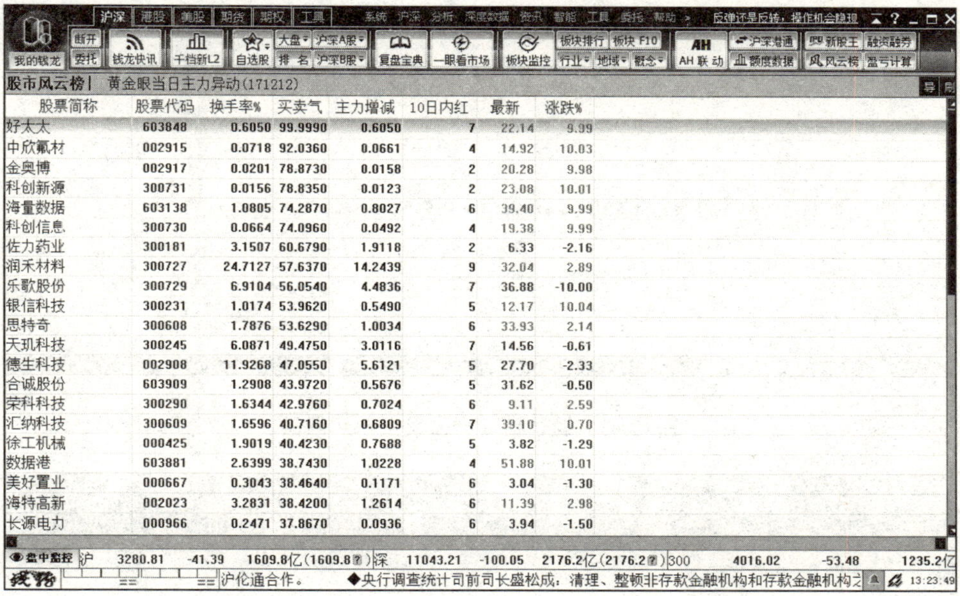

图11-2　钱龙旗舰版证券行情软件示意图

3. 通达信证券信息平台

通达信证券信息平台从属于深圳市财富趋势科技有限责任公司。该软件凭借简洁明了的界面和快速的更新速度在众多的股票软件中站稳了脚跟，拥有了大批的使用者（如图11-3所示）。

4. 同花顺证券行情软件

同花顺证券行情软件是中国唯一官方授权的免费股票行情分析软件，凭借行情速度快、功能强大、资讯丰富等特点受到了众多投资者的喜爱和推崇（如图11-4所示）。

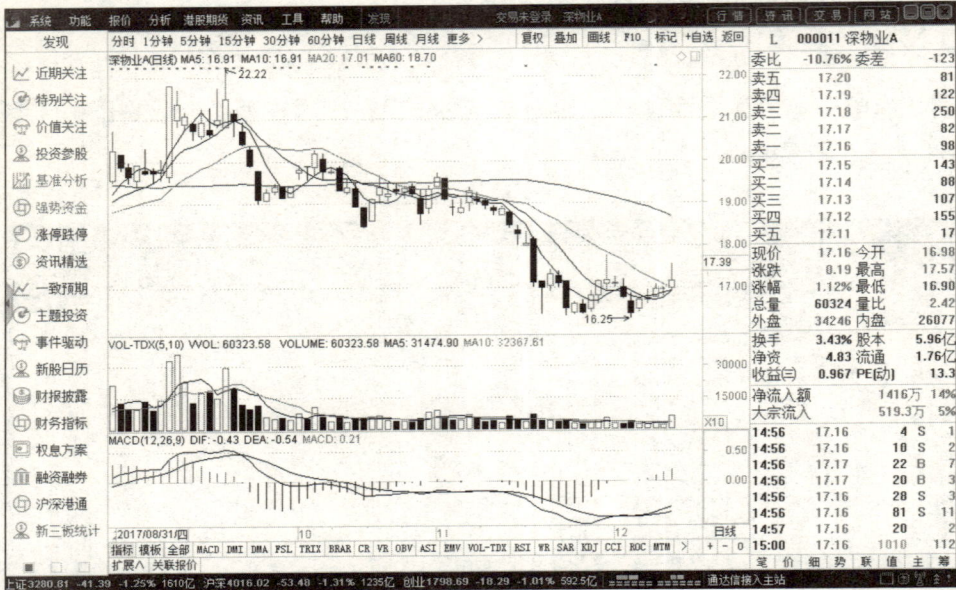

图11-3　通达信证券信息平台示意图

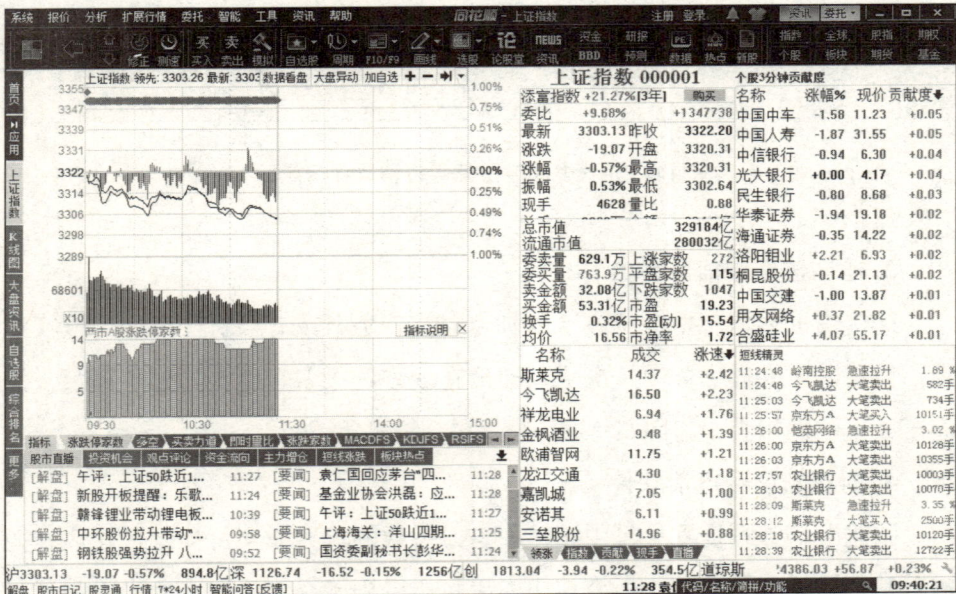

图11-4　同花顺证券行情软件示意图

5. 指南针证券行情软件

指南针证券行情软件也是一款广受好评的证券软件。多年来该公司提出了众多股市分析理论，帮助了许多的投资者（如图11-5所示）。

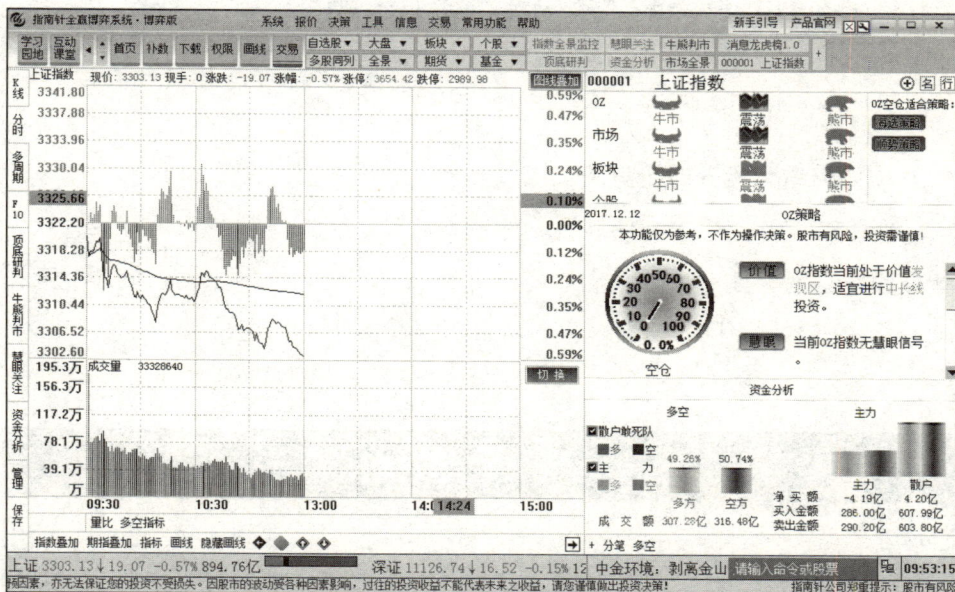

图11-5　指南针证券行情软件示意图

11.2 如何用炒股软件看大盘

1. 如何看大盘分时走势图

新股民朋友们想要利用炒股软件查看分时走势图，其实非常方便。以大智慧股票行情软件为例，我们只需在首页上方的输入框中输入我们想要查看的股票代码，按下回车键就可以查看分时走势图了（如图11-6所示）。

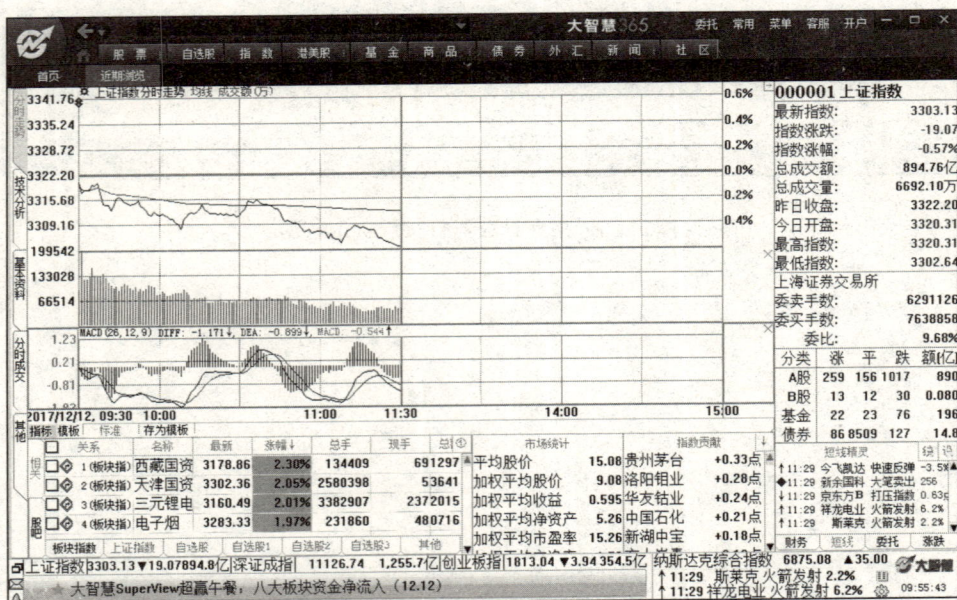

图11-6 大智慧分时走势图

2. 如何看大盘指标K线图

同样以大智慧软件为例，想要查看大盘K线图，只需在查询框中输入股票代码，按下回车键后，在软件的左边点击"技术分析"，就可以看到K线图了（如图11-7所示）。

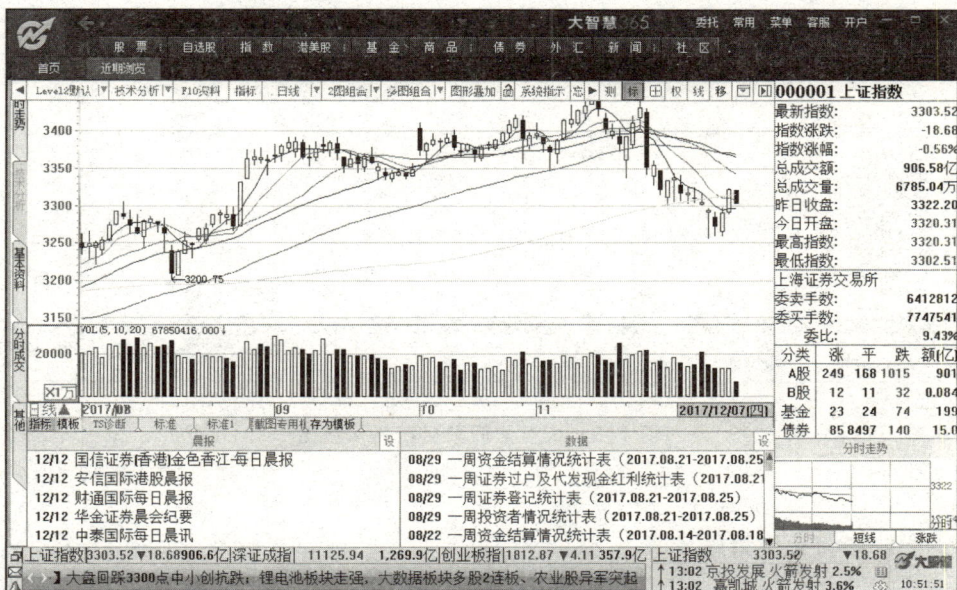

图11-7　大智慧上证指数的K线图

3. 如何看股票排行榜

新股民朋友们在日常的股票买卖中，想要快速地筛选出自己想查看的股票，就要学会熟练使用炒股软件中排行榜的功能。以大智慧软件为例，在我们进入主页面后，点击左上方的"股票"按钮，可以进入到各股票的序号页面，通过点击上方的各种数据，就可以将股票按照自己的要求排列出来了（如图11-8所示）。

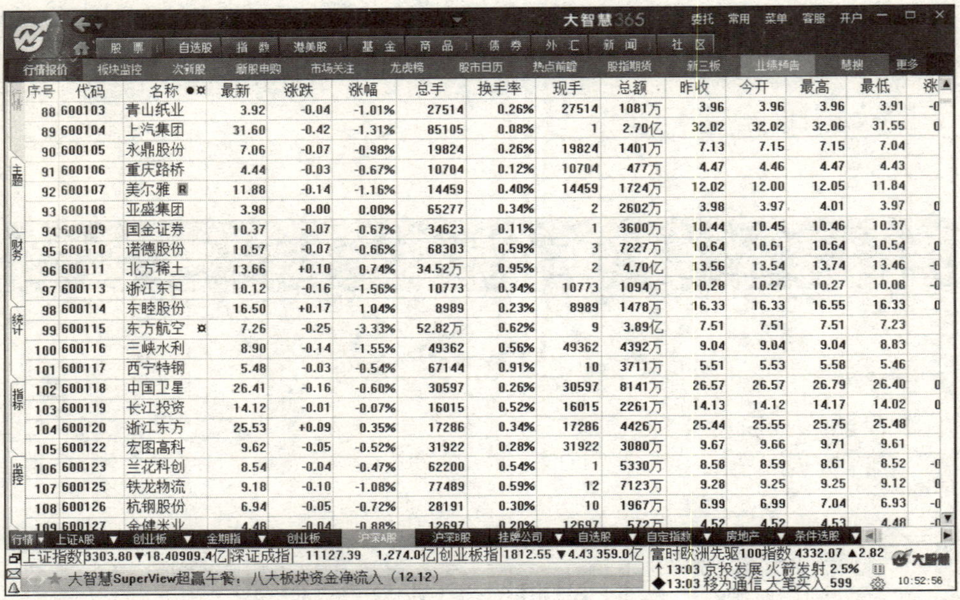

图11-8　大智慧股票排行榜示意图

4. 如何分类看股票

很多时候投资者都需要将股票分类，将同行业的股票进行对比，才能找出自己心仪的个股。当我们使用大智慧软件时，可以先在首页点击左上角的"股票"选项，在出现的界面点击下方的"条件选股"，就可以达成这一目的了（如图11-9所示）。

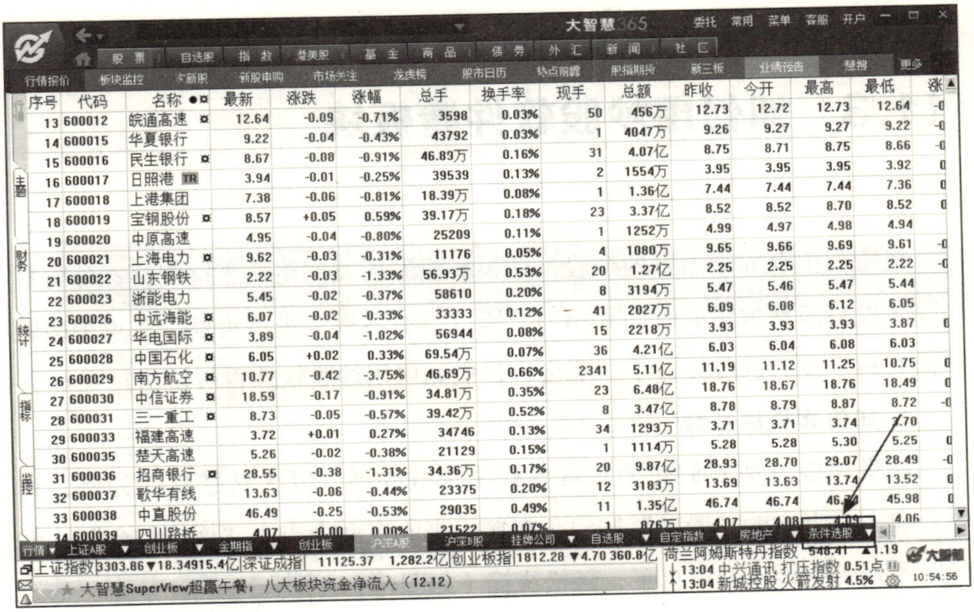

序号	代码	名称 ●●	最新	涨跌	涨幅	总手	换手率	现手	总额	昨收	今开	最高	最低	涨 ▲
13	600012	皖通高速 ✿	12.64	-0.09	-0.71%	3598	0.03%	50	456万	12.73	12.72	12.73	12.64	-0
14	600015	华夏银行	9.22	-0.04	-0.43%	43792	0.03%	1	4047万	9.26	9.27	9.27	9.22	-0
15	600016	民生银行 ✿	8.67	-0.08	-0.91%	46.89万	0.16%	31	4.07亿	8.75	8.71	8.75	8.66	-0
16	600017	日照港 TR	3.94	-0.01	-0.25%	39539	0.13%	2	1554万	3.95	3.95	3.95	3.92	0
17	600018	上港集团	7.38	-0.06	-0.81%	18.39万	0.08%	1	1.36亿	7.44	7.44	7.44	7.36	-0
18	600019	宝钢股份 ✿	8.57	+0.05	0.59%	39.17万	0.18%	23	3.37亿	8.52	8.52	8.70	8.52	0
19	600020	中原高速	4.95	-0.04	-0.80%	25209	0.11%	1	1252万	4.99	4.97	4.98	4.94	0
20	600021	上海电力	9.62	-0.03	-0.31%	11176	0.05%	4	1080万	9.65	9.66	9.69	9.61	-0
21	600022	山东钢铁	2.22	-0.03	-1.33%	56.93万	0.53%	20	1.27亿	2.25	2.25	2.25	2.22	0
22	600023	浙能电力	5.45	-0.02	-0.37%	58610	0.20%	8	3194万	5.47	5.46	5.47	5.44	0
23	600026	中远海能 ✿	6.07	-0.02	-0.33%	33333	0.12%	— 41	2027万	3.93	3.93	3.93	3.87	0
24	600027	华电国际 ✿	3.89	-0.04	-1.02%	56944	0.08%	15	2218万	6.03	6.04	6.08	6.03	0
25	600028	中国石化	6.05	+0.02	0.33%	69.54万	0.07%	36	4.21亿	11.19	11.12	11.25	10.75	0
26	600029	南方航空 ✿	10.77	-0.42	-3.75%	46.69万	0.66%	2341	5.11亿	18.76	18.67	18.76	18.49	0
27	600030	中信证券 ✿	18.59	-0.17	-0.91%	34.81万	0.35%	23	6.48亿	8.78	8.79	8.87	8.72	-0
28	600031	三一重工 ✿	8.73	-0.05	-0.57%	39.42万	0.52%	8	3.47亿	3.71	3.71	3.74	3.70	0
29	600033	福建高速	3.72	+0.01	0.27%	34746	0.13%	34	1293万	5.28	5.28	5.30	5.25	0
30	600035	楚天高速	5.26	-0.02	-0.38%	21129	0.15%	1	1114万	28.93	28.70	29.07	28.49	-0
31	600036	招商银行 ✿	28.55	-0.38	-1.31%	34.36万	0.17%	20	9.87亿	13.69	13.63	13.74	13.52	0
32	600037	歌华有线	13.63	-0.06	-0.44%	23375	0.20%	12	3183万	46.74	46.74	46.81	45.98	0
33	600038	中直股份	46.49	-0.25	-0.53%	29035	0.49%	11	1.35亿	4.08	4.08	4.08	4.06	0
34	600039	四川路桥	4.07	-0.00	0.00%	21522	0.07%		876万					

图11-9 大智慧选股示意图

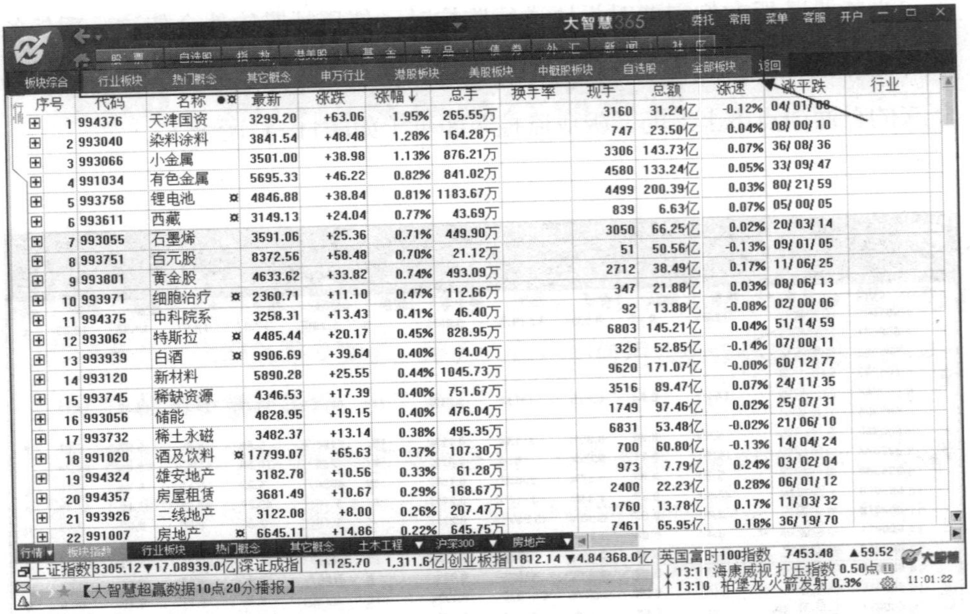

序号	代码	名称	最新	涨跌	涨幅↓	总手	换手率	现手	总额	涨速	涨平跌	行业
1	994376	天津国资	3299.20	+63.06	1.95%	265.55万		3160	31.24亿	-0.12%	04/01/08	
2	993040	染料涂料	3841.54	+48.48	1.28%	164.28万		747	23.50亿	0.04%	08/00/08	
3	993066	小金属	3501.00	+38.98	1.13%	876.21万		3306	143.73亿	0.07%	36/08/36	
4	991034	有色金属	5695.33	+46.22	0.82%	841.02万		4580	133.24亿	0.05%	33/09/47	
5	993758	锂电池	4846.88	+38.84	0.81%	1183.67万		4499	200.39亿	0.03%	80/21/59	
6	993611	西藏	3149.13	+24.04	0.77%	43.69万		839	6.63亿	0.07%	05/00/05	
7	993055	石墨烯	3591.06	+25.36	0.71%	449.90万		3050	66.25亿	0.02%	20/03/14	
8	993751	百元股	8372.56	+58.48	0.70%	21.12万		51	50.56亿	-0.13%	09/01/05	
9	993801	黄金股	4633.62	+33.82	0.74%	493.09万		2712	38.49亿	0.17%	11/06/25	
10	993971	细胞治疗	2360.71	+11.10	0.47%	112.66万		347	21.88亿	0.03%	08/06/13	
11	994375	中科院系	3258.31	+13.43	0.41%	46.40万		92	13.88亿	-0.08%	02/00/06	
12	993062	特斯拉	4485.44	+20.17	0.45%	828.95万		6803	145.21亿	0.04%	51/14/59	
13	993939	白酒	9906.69	+39.64	0.40%	64.04万		326	52.85亿	-0.14%	00/00/11	
14	993120	新材料	5890.28	+25.55	0.44%	1045.73万		9620	171.07亿	-0.00%	60/12/77	
15	993745	稀缺资源	4346.53	+17.39	0.40%	751.67万		3516	89.47亿	0.07%	24/11/35	
16	993056	储能	4828.95	+19.15	0.40%	476.04万		1749	97.46亿	0.02%	25/07/31	
17	993732	稀土永磁	3482.37	+13.14	0.38%	495.35万		6831	53.48亿	-0.13%	21/06/10	
18	991020	酒及饮料	17799.07	+65.63	0.37%	107.30万		700	60.80亿	0.24%	03/02/04	
19	994324	雄安地产	3182.78	+10.56	0.33%	61.28万		973	7.79亿	0.28%	06/01/12	
20	994357	房屋租赁	3681.49	+10.67	0.29%	168.67万		2400	22.23亿	0.17%	11/03/32	
21	993926	二线地产	3122.08	+8.00	0.26%	207.47万		1760	13.78亿	0.15%	36/19/70	
22	991007	房地产	6645.11	+14.86	0.22%	645.75万		7461	65.95亿	0.18%	51/19/78	

图11-12　大智慧分类板块示意图

11.4 如何用炒股软件看个股

新股民使用炒股软件，不仅能够对整体股市和各板块进行观察、了解，也可以对个股进行全面分析、重点关注。下面让我们来了解一下用炒股软件查询个股的方法。

1. 如何看个股分时走势图

同样以大智慧炒股软件为例，新股民朋友们可以将个股的股票代码输入到软件上方的查询框中。如果不清楚代码，直接输入股票的中文名称也可以完成操作。在弹出个股的信息页面后，点击左侧的"分时走势"即可（如图11-13所示）。

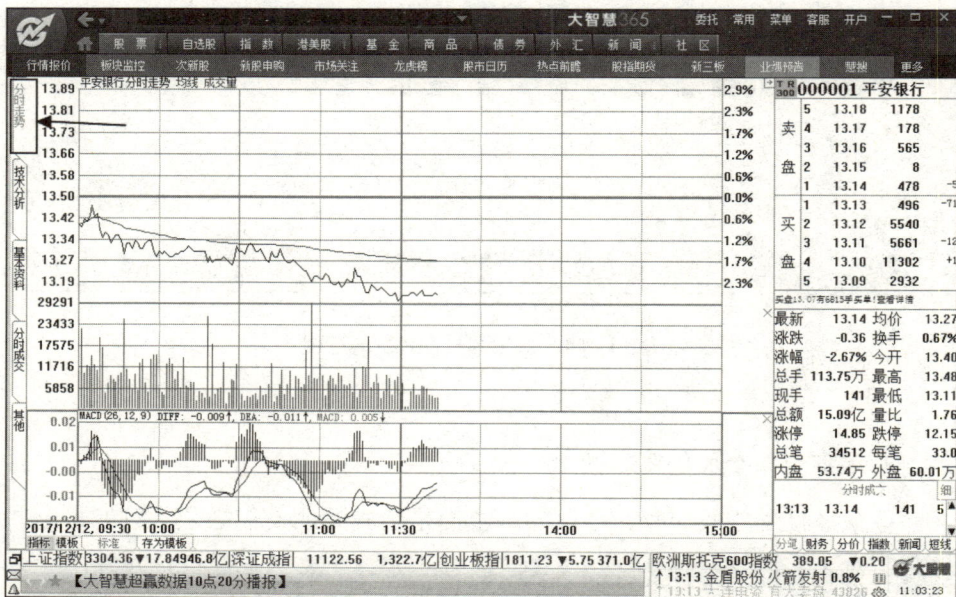

图11-13　大智慧个股分时走势示意图

2. 如何看个股K线图

K线图可以说是每一个股民观察最多的图表了，如果想要在炒股软件中查看个股的K线图。新股民朋友们可以将个股的股票代码输入到软件上方的查询框中。如果不清楚代码，直接输入股票的中文名称也可以。按下回车键，一般默认弹出的就是该股的K线图了，也可以通过点击页面左侧的"技术分析"选项进行切换（如图11-14所示）。

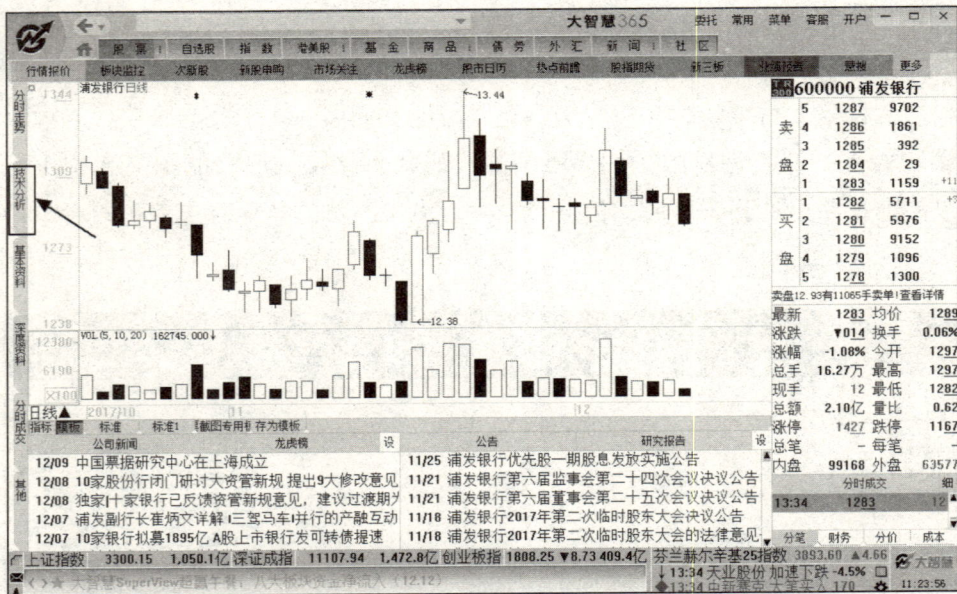

图11-14　大智慧个股K线示意图

3. 如何查看个股的基本面

在选择投资的股票时，个股的基本面是新股民朋友们必须了解的，这些信息我们也可以通过炒股软件找到。具体操作是：将个股的股票代码输入到软件上方的查询框中，如果不清楚代码，直接输入股票的中文名称也可以，按下回车键，在弹出的个股信息中点击左侧的"基本资料"，就可以获得我们想要的信息了（如图11-15所示）。

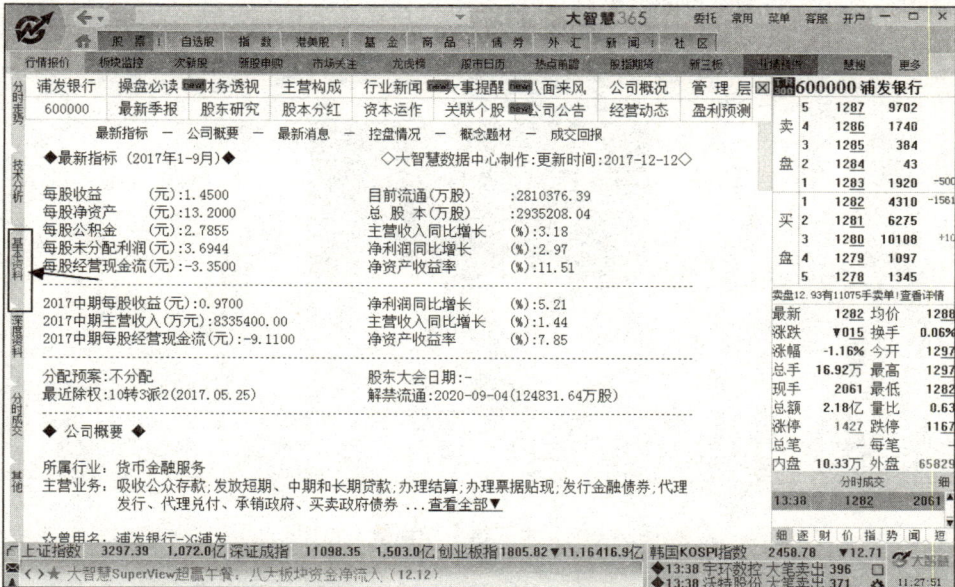

图11-15　大智慧个股基本面示意图

4. 如何设置个股预警

炒股软件中的预警功能十分实用，这个功能可以帮助我们对股票的情况进行监控，并对我们进行提醒。大智慧炒股软件中的操作方法是，首先找寻到我们需要设置警报的个股，进入个股界面，将鼠标移至边框处，会在页面上方出现一排选项，点击"闪电预警"进行设置即可完成（如图11-16所示）。

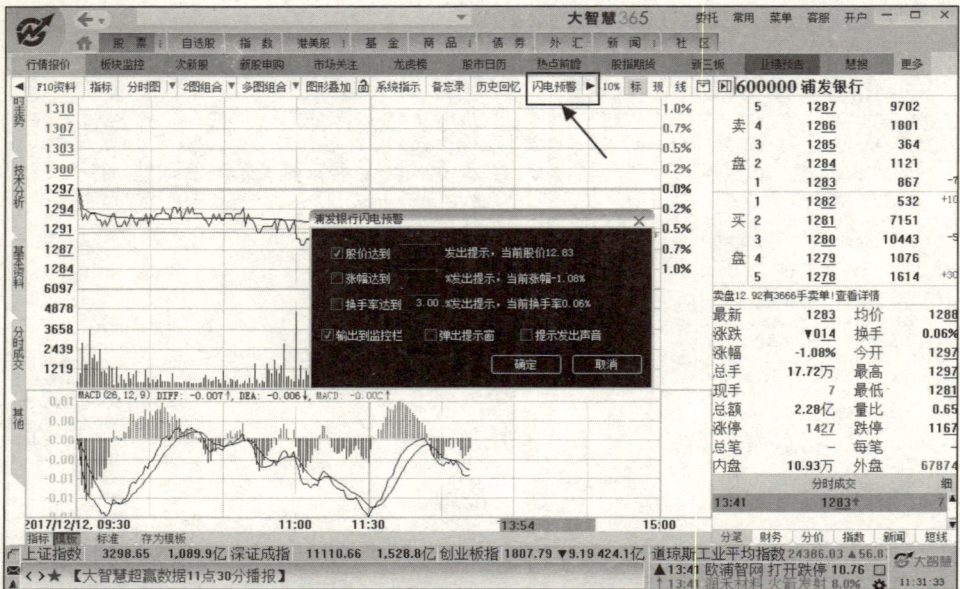

图11-16　大智慧个股预警示意图

11.5 如何用炒股软件看信息

新股民朋友们不仅可以通过操作炒股软件来找到自己想要的信息，炒股软件中还有很多强大的功能，能让投资者们的炒股之路变得更加通畅。

1. 如何通过"实时观察"了解最新股市分析讯息

"实时观察"这一功能可以使新股民朋友们更加轻松、便捷地掌握股市的实时状态，有利于寻求获利机会。以大智慧炒股软件为例，具体操作为：点击右上角的"菜单"按钮，将鼠标放至下拉菜单中的"工具"选项中，点击"实时观察"即可（如图11-17所示）。

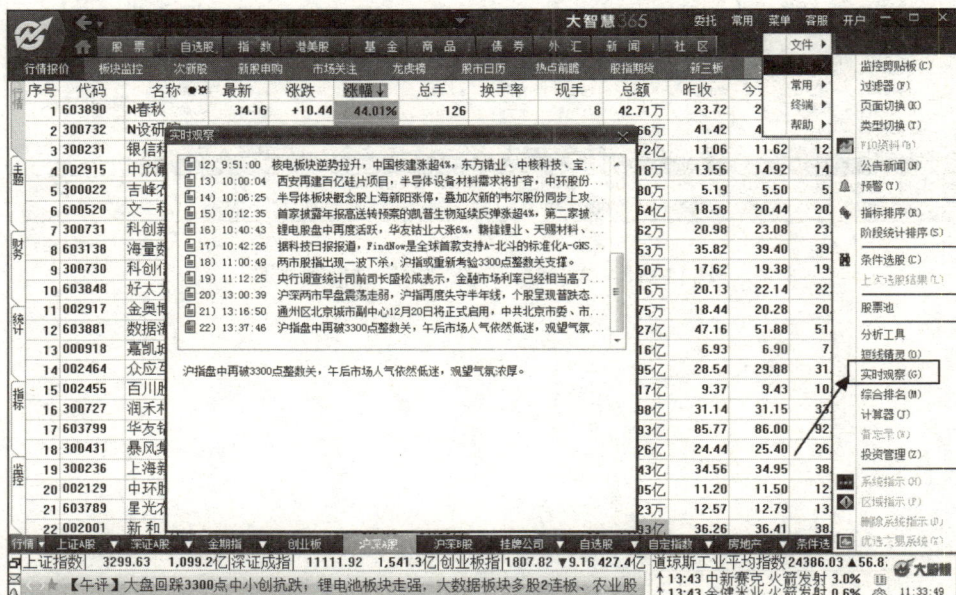

图11-17 大智慧"实时观察"功能示意图

2. 如何通过"短线精灵"了解股票走势

在炒股软件中，"短线精灵"也是一项非常实用的功能，新股民朋友们通过这一功能可以对股票走势了如指掌。以大智慧炒股软件为例，具体操作为：点击右上角的"菜单"按钮，将鼠标放至下拉菜单中的"工具"选项中，点击"短线精灵"即可（如图11-18所示）。

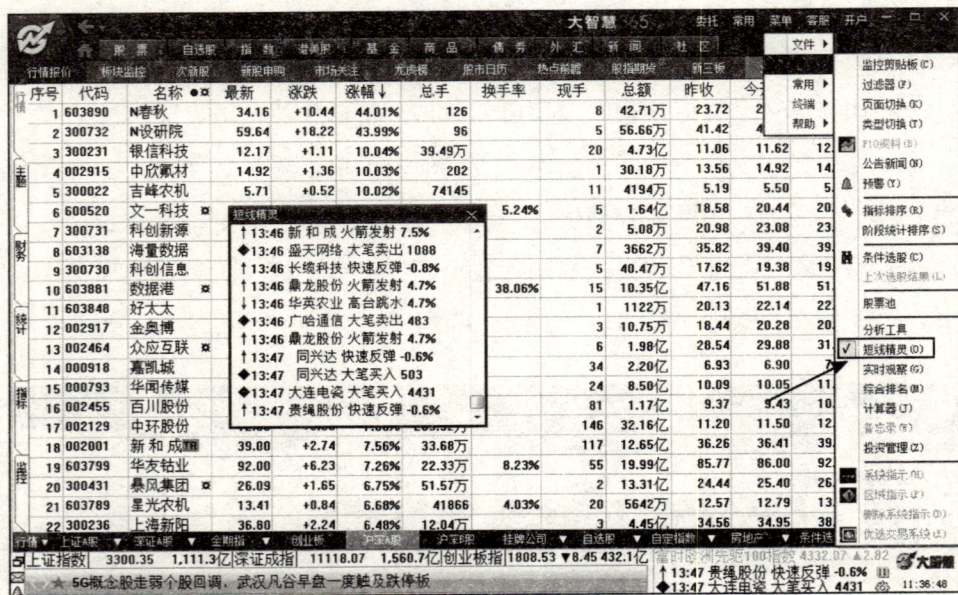

图11-18　大智慧"短线精灵"功能示意图

11.6　对散户最有用的分析工具

对于新股民朋友们来说，有力的分析工具无疑可以在很大程度上提升我们的投资效率和投资成功率。那么，炒股软件会为我们提供哪些便利的分析工具呢？让我们一起来了解一下。

1. 如何实现多股同列

每个人的精力都是有限的，对于还不熟悉股市的新股民朋友们来说更是如此。多股同列功能可以将我们关注的股票归拢在一起进行同时查看，大大节省了我们的时间和精力。以大智慧炒股软件为例，具体操作是：进入到每一只我们想关注的个股K线图界面，右击鼠标，在弹出的菜单中点击"加入自选股"，并对其编辑名称，点击确定即可。这样我们就可以在主页同时查看个股的动态了（如图11-19、图11-20所示）。

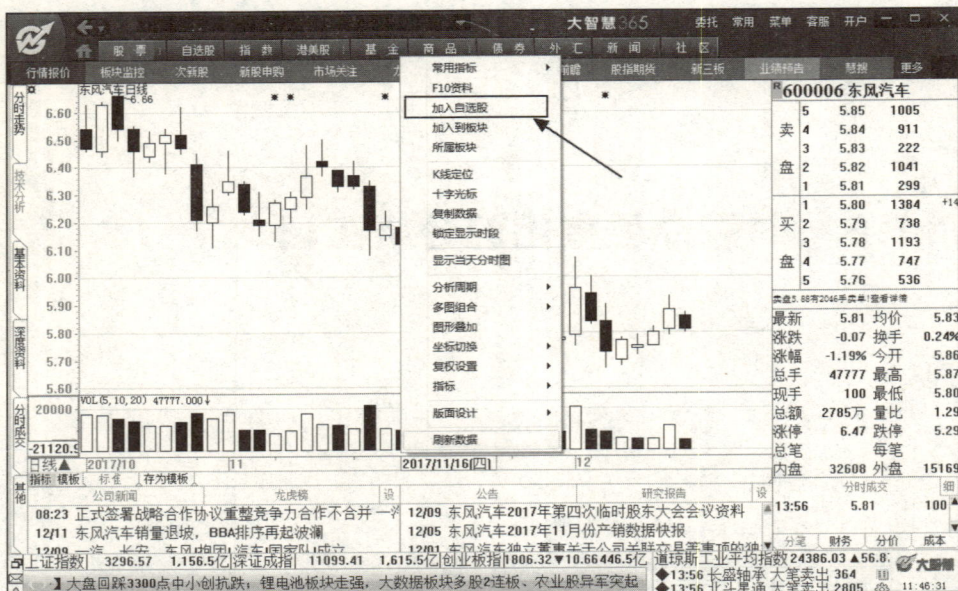

图11-19　大智慧多股同列操作示意图

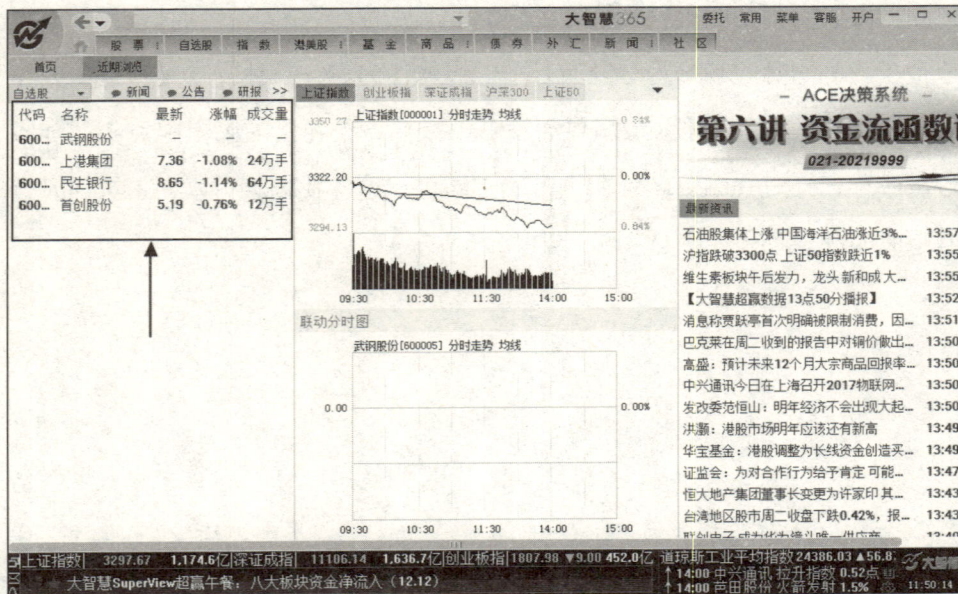

图11-20　大智慧多股同列效果示意图

2. 如何使用"多图组合"功能

当投资者在观察和分析股票走势时，往往需要多种分析指标相互配合，才能得出最终的判断。这时，"多图组合"功能就为投资者提供了便利，它能使多种分析指标同时在一个画面中出现。以大智慧炒股软件为例，具体操作是：进入到我们想要观察的个股K线图界面，将鼠标放至K线图中点击右键，将鼠标放至弹出菜单中"多图组合"的选项上，在右侧弹出的选项中就可以轻松完成操作了（如图11-21所示）。

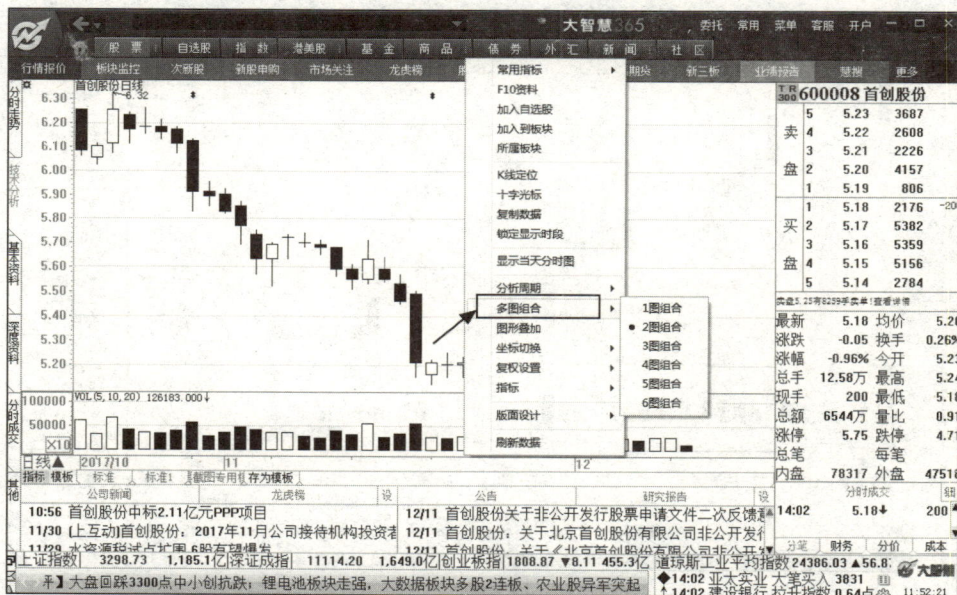

图11-21　大智慧多图组合示意图

3. 如何进行个性化设置

在浩瀚的股市中，每个股民都有自己不同的思想、都有自己不同的品味，炒股软件也为投资者们想到了这一点，新股民朋友们可以通过个性化设置打造属于自己的炒股软件。以大智慧炒股软件为例，具体操作是：点击右上方的"菜单"按钮，将鼠标放至弹出的菜单中的"终端"选项上，并点击其中的"选项"按钮，即可在接下来的页面中随意打造自己的炒股软件了（如图11-22所示）。

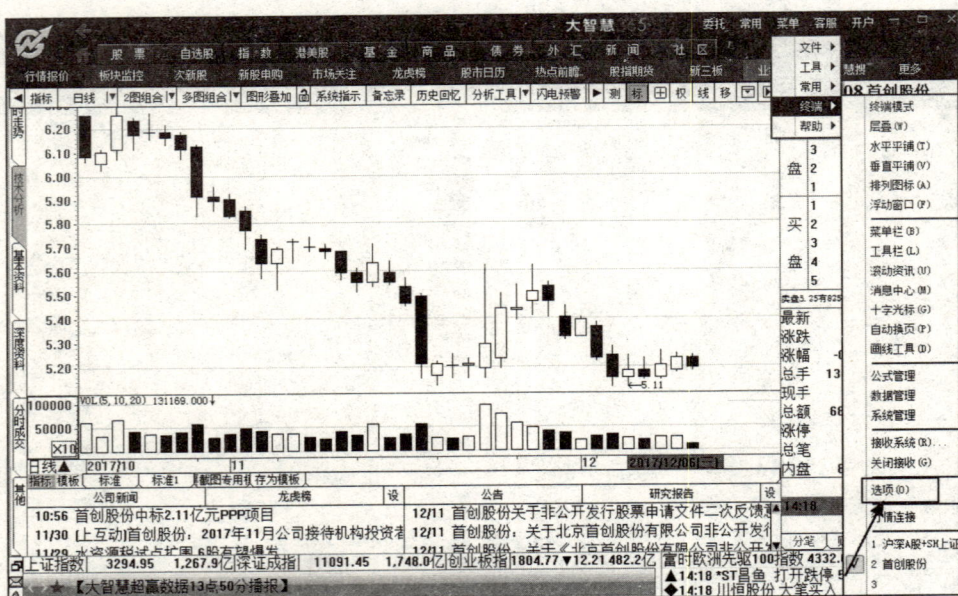

图11-22　大智慧个性化设置示意图